Sociología

PARA PRINCIPIANTES

Martín Lafforgue • Sanyú

ERA NACIENTE
Documentales Ilustrados

Sociología para Principiantes®

Martín Lafforgue - Sanyú
Primera edición - Quinta reimpresión

© de los textos: Martín Lafforgue
© de las ilustraciones: Héctor Sanguiliano (Sanyú)
© Era Naciente SRL

Para Principiantes®
es una colección de libros de
Era Naciente SRL
Buenos Aires, Argentina
www.paraprincipiantes.com.ar

Lafforgue, Martín
  Sociología para principiantes : de Saint Simon a Pierre Bourdieu / Martín
Lafforgue ; ilustrado por Sanyú. - 1a ed. 5a reimp. - Buenos Aires : Era Naciente,
2013.
  176 p. : il. ; 20x14 cm. - (Libros para principiantes / Juan Carlos Kreimer)

  1. Sociología. I. Sanyú, ilus.
  CDD 301

¿Qué es la sociología?

Todo sociólogo se ha enfrentado a esta pregunta innumerables veces: ¿qué es la sociología? Dar una buena respuesta no es demasiado fácil; por el contrario, es casi imposible. El modo más sencillo de contestar es diciendo algo obvio: "La sociología es la ciencia que estudia la sociedad"; pero, como dijo un filósofo inglés, éste es el tipo de respuestas que no se pueden refutar pero que, al mismo tiempo, no convencen a nadie y no explican nada.

El problema de estas definiciones es que inmediatamente surgen
nuevas preguntas. Y entonces no parecen buenas respuestas.

Definiciones precisas

Este tipo de respuestas, de tan generales, terminan sin contestar nada. Pero hay otro tipo de definiciones mucho más precisas y acotadas.

Las respuestas de la página 4, de tan generales, terminaban por no decir nada. Las de la página anterior, en cambio, dicen bastante –si es que logramos sacar algo en claro de esta jerga–; pero efectivamente no nos ayudan mucho en nuestra pregunta: ¿qué es la sociología? Cada sociólogo importante, de los llamados clásicos, ha desarrollado una sociología. Cada clásico ha construido su propia teoría sociológica y ha definido a la sociología de manera tal que se ajuste perfectamente a ella. El problema es que se corresponde solamente con la suya. Hay que seguir buscando una respuesta tal que nos permita entender esta multiplicidad de sociologías.

La sociología

En otras palabras: más que de la **sociología** deberíamos hablar de las **sociologías**. Entonces, volvamos al comienzo: ¿qué es la sociología? Es aquello que los sociólogos han hecho con ella. No se la puede definir con fórmulas intemporales, vaguedades, dogmas o tautologías. ¿Y qué hicieron los sociólogos? Teorías sociológicas.

Los precursores

¿Cómo nacieron las teorías sociales? La reflexión, el pensamiento, sobre la vida social es anterior a la aparición de la disciplina científica que hoy llamamos sociología. Esta reflexión se remonta a la cuna de la cultura occidental: Grecia. Allí, historiadores como Tucídides, o filósofos como Platón y Aristóteles, debatían sobre cómo debía ser una "buena sociedad". Estas ideas cruzaron toda la historia del pensamiento occidental: Grecia, Roma y la Edad Media. Fue una larga serie de filosofías sociales, pensadores moralistas y doctrinas, a menudo ligadas a controversias religiosas y teológicas, casi siempre centradas en los problemas de la mejor organización social y del poder. La sociología, sin embargo, como campo específico del conocimiento, como ciencia autónoma, recién apareció al promediar el siglo XIX. Esta disciplina se inscribió, de esa manera, en una benemérita y larga tradición, pero la absorbió para, luego, sobrepasarla.

La ciencia política

El punto de ruptura de esta tradición de la "buena sociedad", que permitió la progresiva constitución de las modernas ciencias sociales (la economía, la ciencia política y la sociología), se encuentra en un período histórico bien específico y en un autor cuya reflexión marca, por primera vez en la historia, la liberación de las ataduras que hasta entonces obligaban a pensar la política –y los asuntos sociales, en general– como una derivación de postulados religiosos: el Renacimiento y Maquiavelo.

El temprano desarrollo de la ciencia política no se debe al azar. El origen y la consolidación de las diversas ciencias sociales se vincula a las demandas que plantea la sociedad, a las preguntas que la sociedad necesita responderse. El surgimiento de las modernas naciones y la constitución de los estados nacionales exigía estudiar las formas de organización del poder de las nacientes sociedades capitalistas.

Los pensadores, científicos y artistas del Renacimiento colocaron al hombre y no a Dios en el centro de su obra provocando una verdadera revolución cultural. Se formó una nueva sociedad capitalista en su economía, científica en su concepción de la naturaleza y humanista en su dimensión artística.

INTENTÉ PENSAR LA POLÍTICA DE MANERA PRÁCTICA, LAICA Y CIENTÍFICA. VERLA COMO REALMENTE ES Y NO COMO DEBERÍA SER SI LOS HOMBRES FUÉRAMOS ÁNGELES.
Maquiavelo

La ciencia política es la disciplina que se encarga de estudiar la organización del gobierno, el estado y, en general, del poder político. Maquiavelo (1469-1527) fue el primer politólogo. En su tratado, *El Príncipe*, a partir del estudio de la vida política, aconseja cómo acceder al poder y cómo conservarlo.

La economía política

La economía fue la segunda ciencia social que se constituye como tal. Las etapas de la fundación de la economía política acompañaron, también, los ritmos del desarrollo de la sociedad. En un principio, cuando el capitalismo era sobre todo comercial y financiero, eran los problemas de cambio y de circulación los predominantes. A partir de mediados del siglo XIX, cuando comenzó la Revolución Industrial (1770-1790), el problema clave fue el de la producción.

Adam Smith (Escocia, 1725-1790) y **David Ricardo** (Inglaterra,1772-1823) fueron los protagonistas principales de la ciencia económica clásica. No casualmente fue en Inglaterra donde nacieron las primeras industrias.

En *La riqueza de las naciones*, Smith sostiene que la satisfacción del propio interés individual es el mejor medio para obtener el mayor beneficio para el conjunto de la sociedad. Ricardo sostuvo que cada país debía dedicarse a aquella actividad en la que fuese más eficiente. Con ello, cada uno se beneficiaría debido a las ventajas que otorgan la especialización y los mercados de gran tamaño.

La Revolución Industrial vinculó los nuevos desarrollos tecnológicos (las máquinas a vapor) con los productivos (la industria textil del algodón, la seda, el lino y la lana). A partir de ese momento, la fuerza animal y la humana ya no serían necesarias para la producción.

Nace la sociología

La sociología es el tercer gran campo de conocimientos referido a las relaciones entre los hombres surgido después del Renacimiento. Esta ciencia es, en todo sentido, un producto típico del siglo XIX, el de la consolidación de la sociedad moderna (llamada también industrial o capitalista). El terreno en el que nació la sociología fue el que siguió a la Revolución Industrial y la Revolución Francesa, las cuales iniciaron un tiempo de grandes cambios y transformaciones: apareció una nueva clase social, el proletariado de las fábricas, que exigía cambios en el orden social cuando todavía no había terminado de morir el Ancien Régime abatido por la Revolución Francesa.

El doble proceso de la **Revolución Francesa** (1789) y de la **Revolución Industrial Inglesa** (1770-1790) dio origen en Occidente a la llamada Edad Contemporánea: la nuestra.

Un hombre de aspecto miserable entra y se mira en un espejo:

—¿Por qué te miras si la visión de ti mismo sólo puede hacerte daño?

El sujeto me contesta:

—Señor, de acuerdo con los principios inmortales de la Revolución de 1789, todos los hombres son iguales ante la ley; tengo, pues, el derecho de mirarme cuanto quiera; que eso me cause placer o dolor es un asunto enteramente personal.

CHARLES BAUDELAIRE
EL ESPEJO, **1845**

Las consignas de la Revolución Francesa fueron: libertad, igualdad y fraternidad.

Explicando la sociedad

Con el objetivo de explicar estas conmociones, aparecieron dos grandes proyectos teóricos, que se rechazaban pero se necesitaban. Uno fue el socialismo –proyectado del plano de la utopía al de la ciencia por Marx– y el otro el de la sociología académica (o burguesa, para los marxistas). En este sentido, la sociología nació con el objetivo de pensar y contribuir a la estabilidad del nuevo orden social triunfante, pero acechado por el espectro de la lucha de clases y del comunismo. Por primera vez en la historia del saber se abordó, de manera científica, la sociedad como objeto de estudio. Nació la sociología porque la filosofía social, la ciencia política o la economía ya no servían para analizar las enormes transformaciones y los desafíos crecientes de una sociedad capitalista vigorosa.

Para estos primeros sociólogos, la sociedad era un órgano superior, un todo que incluía a los individuos pero que era mucho más que su mera sumatoria. El cemento que unía estas partes, la cohesión y la estabilidad, eran los valores sobre los que se asentaban todas las normas e instituciones posteriores.

La metáfora que se utilizó, que como veremos tendrá enorme arraigo en toda la posterior evolución de la sociología, es la de sociedad = organismo. Para su estudio hubo dos subdisciplinas: un análisis de cada una de sus partes (la anatomía) y otro de su funcionamiento general (la fisiología). Sobre esta base, como un médico, el sociólogo diagnosticaba y aplicaba las curas, las correcciones de las enfermedades que aquejaban al cuerpo social.

La ciencia social, a imagen de la biología, que era la ciencia de mayor desarrollo en el siglo XIX, debía, para estos precursores de la sociología, ser ciencia positiva (o sea, debía atenerse a los datos de la realidad empírica, aplicar métodos calcados de las ciencias naturales –los únicos realmente científicos– y abstenerse de pronunciar juicios de valor).

Primeros sociólogos

Comte: ¿primer sociólogo o impostor?

Habitualmente se lo ha considerado fundador de la sociología. "Fue el primero y más auténtico creador de la sociología", solían decir de él los viejos diccionarios especializados. En rigor, el gran mérito del francés **Auguste Comte** (1789-1857) parece haber sido el de haber inventado el término sociología. Muchos historiadores y sociólogos contemporáneos lo consideran más un plagiador o, en el mejor de los casos, un divulgador de las enseñanzas que le habría dado el conde **Claude Henri Saint-Simon** (1760-1825), a las que sólo habría aportado el recorte de sus costados más progresistas y utópicos, el sobre-dimensionamiento de sus ideas más conservadoras y un tono pomposo y jactancioso.

Algo de esto parece haber de cierto si se leen minuciosamente sus obras. Y más aún si sabemos que Comte fue secretario personal del conde, entre 1816 y 1823, y colaboró en la redacción de su *Plan de las operaciones científicas necesarias para la reorganización de la sociedad,* en el que se sostenía que, una vez superadas las etapas teológica y metafísica –algo así como la prehistoria de las ciencias–, había llegado la hora de estudiar positivamente (científicamente) a la sociedad. Las relaciones entre ambos no parecen haber terminado del todo bien. Comte no recordaba esta experiencia con gratitud.

La historia de la humanidad según Comte

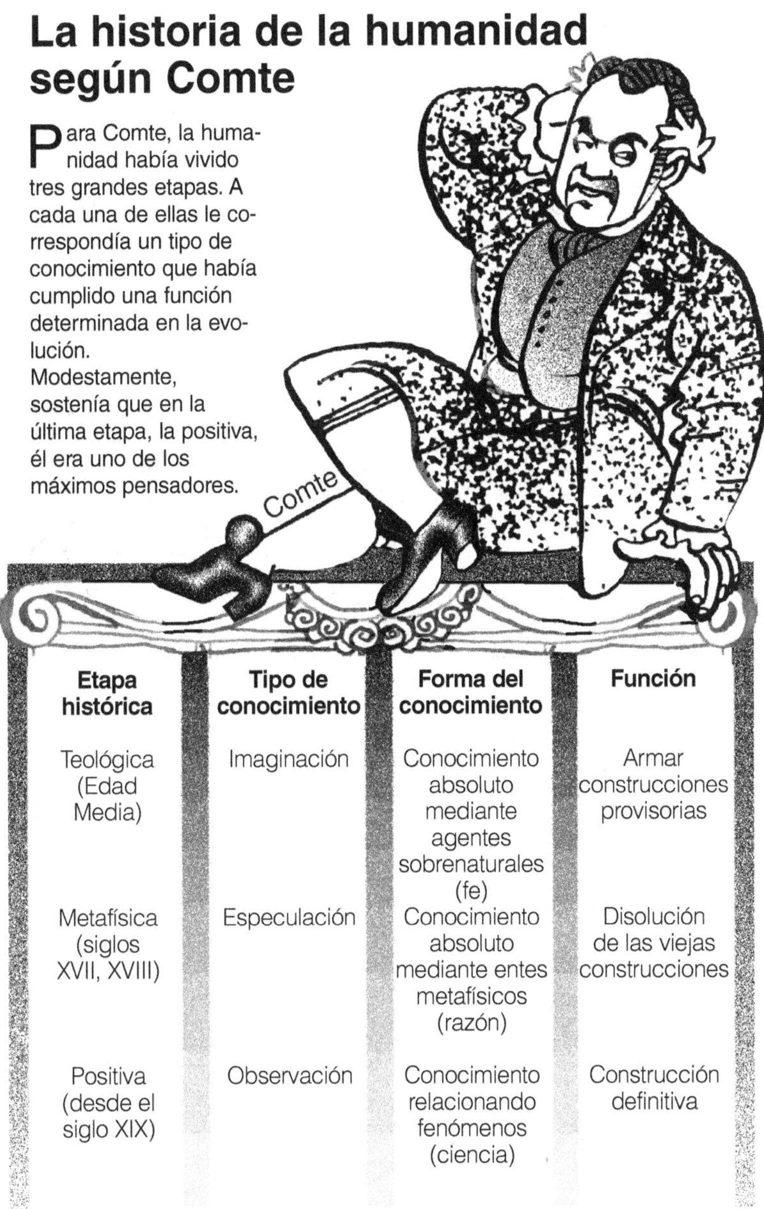

Para Comte, la humanidad había vivido tres grandes etapas. A cada una de ellas le correspondía un tipo de conocimiento que había cumplido una función determinada en la evolución.

Modestamente, sostenía que en la última etapa, la positiva, él era uno de los máximos pensadores.

Etapa histórica	Tipo de conocimiento	Forma del conocimiento	Función
Teológica (Edad Media)	Imaginación	Conocimiento absoluto mediante agentes sobrenaturales (fe)	Armar construcciones provisorias
Metafísica (siglos XVII, XVIII)	Especulación	Conocimiento absoluto mediante entes metafísicos (razón)	Disolución de las viejas construcciones
Positiva (desde el siglo XIX)	Observación	Conocimiento relacionando fenómenos (ciencia)	Construcción definitiva

Saint-Simon: los orígenes de una sociología positivista

Saint-Simon puede ser considerado sin dudas el más influyente de los pensadores que participaron en los orígenes de la sociología.

> *"Desempeñó el rol de Juan Bautista con respecto a la sociología moderna, sus obras la contienen por entero".*
> —GURVITCH

> *"A Saint-Simon, para ser justos, hay que atribuirle el honor, que corrientemente se adjudica a Comte, de haber fundado una ciencia nueva: la sociología."*
> —DURKHEIM

El aporte específicamente científico de Saint-Simon es haber reconocido el papel central de la economía y de la industria en las modernas sociedades; el haber esbozado, aunque en forma rudimentaria, una descripción de las principales clases sociales de estas sociedades modernas (obreros y capitalistas), y haber visto el peso creciente de los técnicos, administradores y científicos.

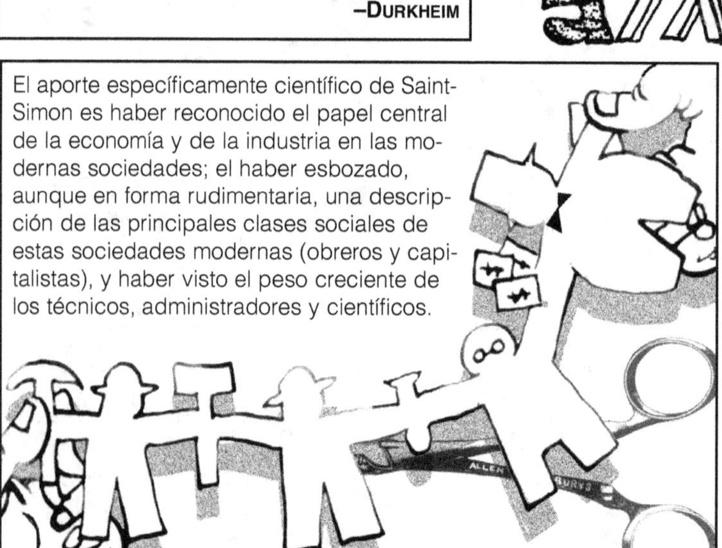

Un método para la ciencia

En 1813 el conde Saint-Simon estableció la tentativa de estudiar la moderna sociedad industrial con los mismos métodos (la observación fría, la comparación, la clasificación y la experimentación) que tanto éxito estaban teniendo en otras ciencias encargadas de estudiar la realidad físico-natural. En este sentido, entendía a la sociología como el autoanálisis de una sociedad industrial.

Saint-Simon fusionaba elementos muy diversos: admiraba el esfuerzo de los pensadores conservadores de restaurar un orden social sólido, como el medieval, "necesario para el establecimiento de un orden de cosas sosegado y estable" pero advertía, sin embargo, que "al sentido común le repugna la idea de retroceso en la civilización".

La combinación de un orden como el medieval, pero que generase progreso, sólo se lograría si se establecía un poder moral tan fuerte como el que había tenido la religión durante el medioevo. En *El nuevo cristianismo* dice que sólo la ciencia puede ocupar este papel. El conde propuso una sociedad industrialista gobernada por una nueva élite dirigente formada por científicos y productores (capitalistas y trabajadores).

La ballena

Para el sociólogo Alvin Gouldner (ver pág. 97), Saint-Simon es como una ballena lanzando chorros en todas direcciones. Cada una de ellas sería una de las ramas de la moderna sociología.

Spencer: la supervivencia del más fuerte

La vinculación del positivismo, verdadero punto de arranque de la sociología académica, con los intereses de una burguesía que buscaba consolidar y justificar el nuevo orden social llegó a la caricatura con **Herbert Spencer** (1820-1903). Fuertemente influido por Comte, pero sobre todo por *El origen de las especies* (1859) que el biólogo Charles Darwin (1809-1882) acababa de publicar, Spencer no hizo otra cosa que justificar, legitimar y festejar el predominio colonialista del Imperio Británico y el triunfo del capitalismo de libre mercado.

El Fan Club de Spencer

A pesar de lo elemental de su teoría (o quizás por eso), logró grados de fanatismo insólitos para un sociólogo. Un ejemplo es esta carta que le escribió el magnate Andrew Carnegie cuando se enteró de que estaba enfermo: "Querido maestro: Pienso en usted todos los días y me hago las mismas preguntas: ¿a qué se debe?, ¿por qué debe sufrir?, ¿por qué tiene que irse? El mundo avanza muy lentamente sin reconocer a su mente más brillante. Pero llegará el día en que se recordarán sus enseñanzas y se elevará su nombre a la máxima cima".

Ingeniero de ferrocarriles, de origen británico, sin embargo, encontró su mayor audiencia –quizá la más numerosa que haya tenido nunca un sociólogo– en los Estados Unidos. También logró importantes repercusiones, como otras tantas vertientes del positivismo, en países periféricos recientemente integrados a la economía mundial (como los de Latinoamérica) en donde las doctrinas que prometían "orden" y "progreso" fueron bien recibidas.

Como Comte tenía una profunda aversión hacia los libros (salvo los suyos, claro), sostuvo que "si hubiera leído tanto como otros hombres, habría llegado a saber tan poco como ellos".

Los inicios de la sociología en Alemania

La sociología fue un fruto bastante tardío en Alemania donde el contexto intelectual, hegemonizado por el neokantismo, marcó una fuerte diferencia respecto de los orígenes positivistas de las sociologías francesa e inglesa. El filósofo Immanuel Kant (1724-1804) había distinguido entre una razón práctica y una razón pura: la primera, aplicable a los fenómenos materiales, y la segunda, a los culturales e históricos. Estos últimos son únicos e irrepetibles. Es inviable buscarles, entonces, leyes universales propias de los fenómenos naturales. Lejos de pretender homogeneizar a las ciencias, la tradición alemana distinguía entre ciencias naturales y del espíritu (que hoy llamamos ciencias sociales) y humanidades. Pero la sociología académica alemana discutía no sólo contra el positivismo (Saint-Simon, Comte, Spencer). Había otro rival importante: el marxismo, que adquiría en Alemania cada vez más peso político y teórico entre los obreros y los intelectuales. El autor más importante de este período fue **Ferdinand Tönnies** (1855-1936), cuya obra fundamental fue *Comunidad y Sociedad*.

En 1910, junto a **Max Weber** y **George Simmel**, fundó la Sociedad Alemana de Sociología. Fue profesor de economía política en la Universidad de Kiel de 1913 a 1933, año en que fue expulsado por las autoridades nazis.

Prehistoria

Recapitulando lo que hasta ahora hemos visto: podemos hablar de una prehistoria de la sociología conformada por las obras de Saint-Simon, Comte, Spencer y Tönnies. En líneas generales, se considera que sus ideas, teorías y obras carecen actualmente, si es que alguna vez la tuvieron, de capacidad explicativa. Sin embargo, son ellos –algunas de sus ideas centrales, ciertas categorías, buena parte de sus metodologías y la línea general que preconizan– los que han permitido, han abonado el terreno sobre el que la sociología entró en su etapa de madurez, etapa que produjo los dos más grandes nombres de la sociología clásica: Max Weber y Émile Durkheim, quienes junto a Karl Marx son todavía hoy los tres clásicos que ningún estudiante de Sociología puede dejar de estudiar.

Los clásicos

¿En qué se asemejan los clásicos de la sociología? No han buscado en el mercado, ni en la coyuntura política, ni en las modas académicas los ejes de su programa e investigación, y muchas veces lo han debido pagar con su soledad.

Todos ellos han asumido posiciones bien definidas frente a los grandes temas de su época. No fueron seudoneutros.

Además, son verdaderos artesanos intelectuales, ajenos a la división entre teoría e investigación, con una especie de sentido de misión casi religioso.

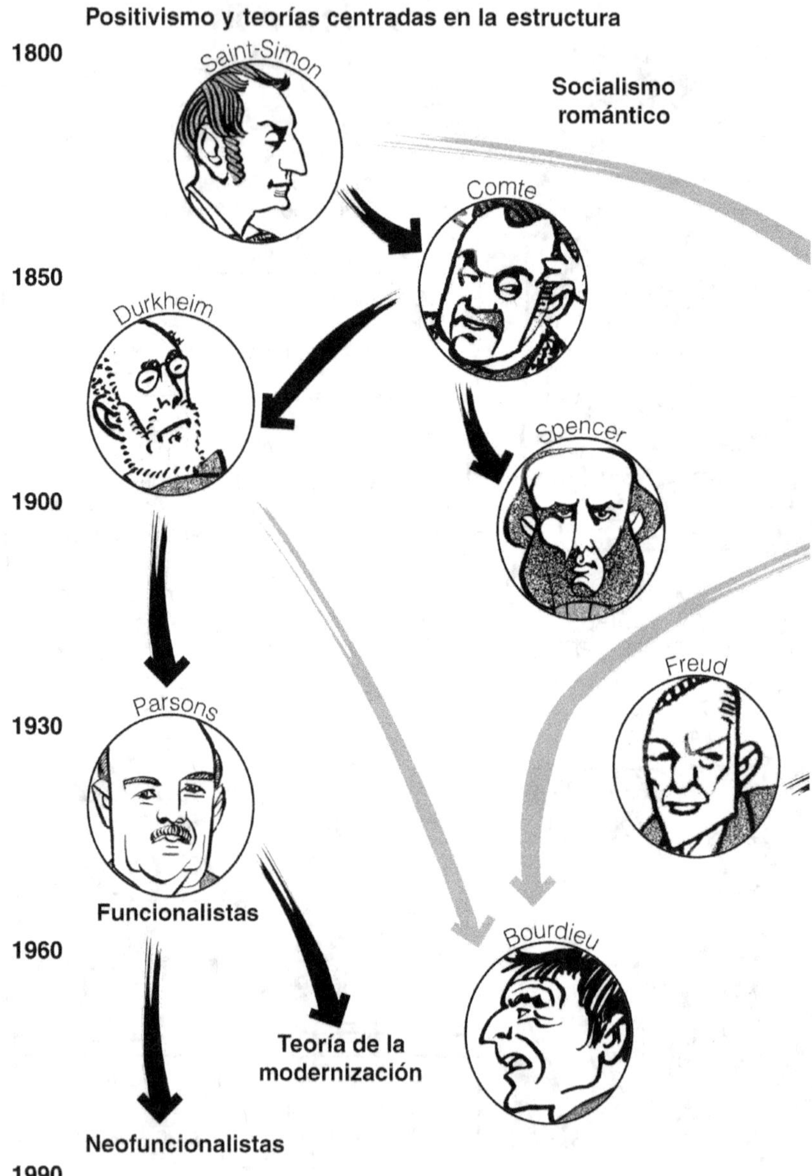

Positivismo y teorías centradas en la estructura
1800
Saint-Simon
Socialismo romántico
Comte
1850
Durkheim
Spencer
1900
Freud
1930
Parsons
Funcionalistas
1960
Bourdieu
Teoría de la modernización
Neofuncionalistas
1990

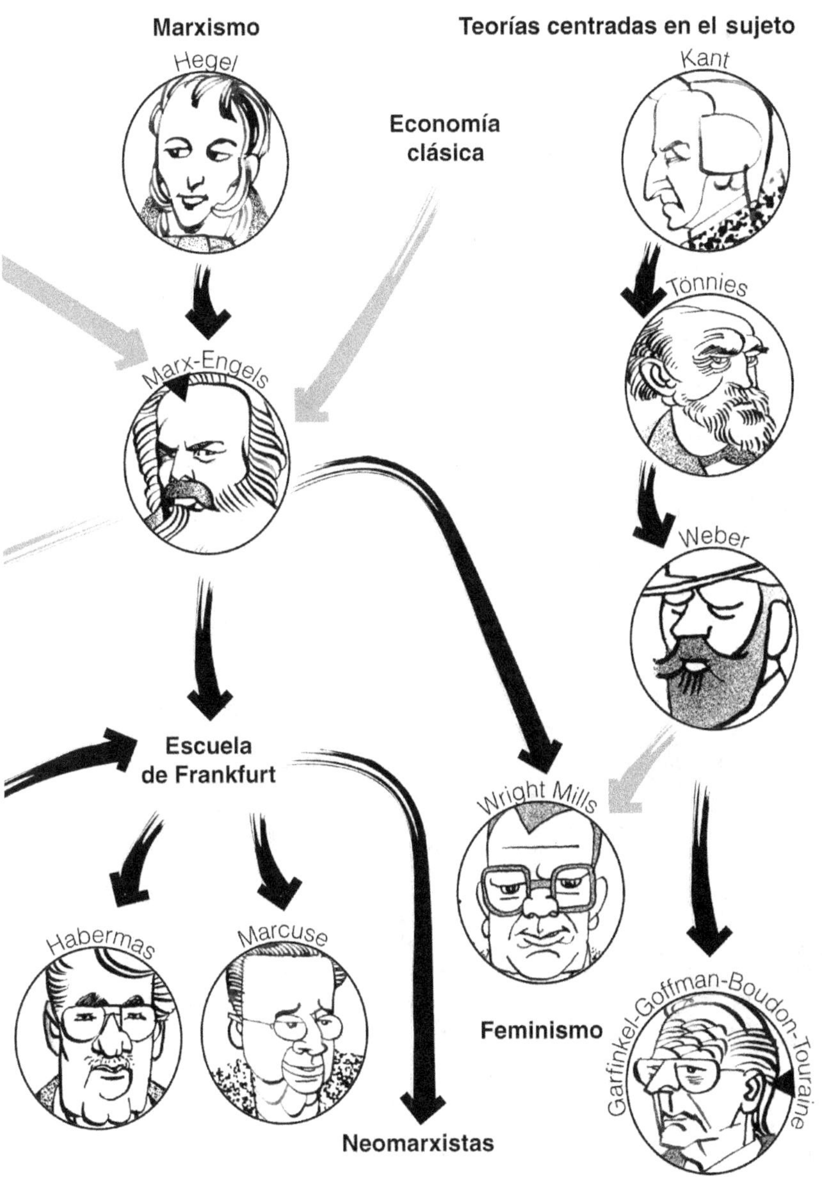

Marxismo
Teorías centradas en el sujeto
Hegel
Kant
Economía
clásica
Tönnies
Marx-Engels
Weber
Escuela
de Frankfurt
Wright Mills
Habermas
Marcuse
Feminismo
Garfinkel-Goffman-Boudon-Touraine
Neomarxistas

Marx: ¿marxista o sociólogo? Una sociología revolucionaria

Karl Marx (Alemania 1818-1883, Inglaterra) estudió filosofía en Berlín, donde predominaba la filosofía hegeliana. Su amigo y posterior colaborador, Friedrich Engels, lo acercó tempranamente a las posiciones del movimiento obrero y socialista (entre 1845-47), y este compromiso, por cierto, precedió el grueso de su obra teórica. Previamente, sin embargo, había quedado muy impresionado por la "nueva ciencia de la sociedad" que había esbozado Saint-Simon, cuya obra le fue presentada por un vecino durante la adolescencia.

Su posterior lectura de los nuevos desarrollos de las ciencias sociales –los historiadores franceses de la Revolución Francesa y la economía política inglesa– lo persuadió de volcarse de lleno a la elaboración de un nuevo método y una teoría de la vida social en donde el análisis del funcionamiento del capitalismo y el papel de la clase obrera constituyeran elementos centrales.

A los veintitrés años tenía un futuro incierto: un título en filosofía defendido con una tesis no muy original, un considerable éxito en los salones de la bohemia, pero muy pocas perspectivas de desarrollar una carrera académica, ya que se lo consideraba un ateo peligroso. Se dedicó, entonces, al periodismo.

Hay considerables controversias sobre su vida privada. Para algunos, lejos de su imagen austera o de ogro de cartón, fue un gran trasnochador que, desde joven y hasta su madurez, frecuentó las tabernas.

Marx nunca tuvo un trabajo estable. En cierta ocasión, intentó emplearse como administrativo en una empresa de ferrocarriles, pero debido a su pésima letra fue rechazado.

Un dúo fantástico: Marx y Engels

Para algunos, ya en *La ideología alemana*, que ambos escribieron cuando tenían tan sólo veinticinco años, está contenida toda su obra posterior. Ninguna dupla, a lo largo de la historia intelectual, ha demostrado tanta comprensión mutua. No tuvieron ningún tipo de problema por envidia, ni por ningún otro motivo.

Engels no sólo fue su amigo y colaborador, sino también, durante mucho tiempo, su principal sostén financiero. Marx vivió la mayor parte de su vida en el límite de la pobreza. Su muerte se debió a una combinación de insomnio, pobreza y exceso de trabajo.

El aguafiestas del capitalismo

En verdad, Marx fue sobre todo un estudioso científico del proceso de formación de la sociedad capitalista y de varios aspectos centrales de su estructura y funcionamiento. Pero este análisis iba intrínsecamente unido a su proyecto político.

Marx no dejó ningún tipo de receta o prescripción acerca de cómo debería ser una sociedad socialista (o comunista). Apenas realizó algunas observaciones y apuntes sobre un futuro estado socialista a partir de la experiencia de la Comuna de París (una rebelión obrera del año 1871).

Hacia el año 1860 una nueva palabra, hasta entonces poco empleada, entró en el vocabulario económico y político del mundo: **capitalismo**. Su triunfo mundial es el tema más importante de la historia del siglo XIX.

La base material de la sociedad

En su famoso prólogo de la **Contribución a la crítica de la economía política**, Marx resume lo que se suele llamar su "camino hacia una teoría materialista (o materialismo histórico) de la sociedad": *"Mi investigación desemboca en el resultado de que tanto las relaciones jurídicas como el Estado (y sus políticas) no pueden comprenderse ni por sí mismas ni por la llamada evolución del espíritu humano (las ideas), sino que deben explicarse por las condiciones materiales de vida que Hegel resume como sociedad civil, cuya anatomía hay que buscar en la economía política".* La primera clave del materialismo histórico consiste en buscar el sentido profundo de la sociedad en sus relaciones económicas (o estructura).

El marxismo no fue más que un dogma: primero de un partido; después de un Estado y, luego, de un imperio. Hoy es apenas una sombra.

Estructura y superestructura

Para Marx, las superestructuras –así llama al Estado, las ideologías, la religión, las expresiones artísticas o cualquier otro producto del intelecto humano– no flotan en el vacío, ni son la mera invención de hombres geniales: se sustentan, y sólo pueden entenderse, en una sociedad. Pero ésta, a la vez, no puede comprenderse si se la examina simplemente a nivel superficial, o sea, sin tener en cuenta su base: las determinaciones económicas, que a su vez también forman las diversas clases sociales.

La relación que existe entre la base y las superestructuras consiste en una articulación compleja que puede definirse de la siguiente manera:

• La base (economía) determina en última instancia a las superestructuras.

• Pero estas superestructuras poseen, sin embargo, una autonomía relativa que les permite tanto incidir sobre la base material como desarrollarse autónomamente, siempre y cuando no rebasen los límites estructurales dados por la base.

Según la concepción materialista de la historia, el elemento determinante de la historia es en última instancia la producción y la reproducción de la vida real. Ni Marx ni yo hemos afirmado nunca otra cosa que esto; por consiguiente, si alguien la tergiversa, afirmando que el elemento económico es el único determinante, la transforma en una teoría sin sentido, absurda y abstracta. La situación económica es la base, pero en muchos casos ejercen influencia o prevalecen diversos elementos de la superestructura: formas políticas de la lucha de clases y sus resultados, como, por ejemplo, una Constitución impuesta por la clase triunfante, las formas jurídicas, e incluso el reflejo de todas estas batallas en el cerebro de quienes participan: teorías políticas, jurídicas y filosóficas, las convicciones religiosas y su evolución. Hay una interacción de todos estos elementos. Si no fuese así, la aplicación de la teoría marxista sería más fácil que la solución de un simple problema matemático de primer grado.

CARTA DE ENGELS A BLOCH, 1890

Modo de producción

A su vez, en la base económica pueden distinguirse dos elementos:
1) las fuerzas productivas (los recursos con que los hombres cuentan para producir; por ej., las máquinas y herramientas, pero también los conocimientos técnicos, las formas de organizar el trabajo, etc.) y
2) las relaciones de producción (las formas en que los hombres se relacionan entre sí en el proceso de producción; por ej., mediante relaciones salariales, como en el capitalismo, o mediante el esclavismo en la Antigüedad, etc). La articulación de las fuerzas y las relaciones de producción conforman el **modo de producción**.

Comunismo primitivo
Sin clases sociales por escaso desarrollo histórico.

Feudalismo
Siervos y señores feudales.

Comunismo
Sin clases por el alto desarrollo histórico.

36

Las clases sociales

Esclavismo
Esclavos y esclavistas.

Capitalismo
Obreros y burgueses.

En cada uno de los diferentes modos de producción que se sucedieron (salvo en el primero y en el último) ha habido una clase social explotadora y otra explotada.

Lo que caracteriza a todas las clases explotadoras es el control del proceso productivo (o sea, aquel proceso en el cual los hombres transforman la naturaleza para obtener alimentos, vestimenta, etc.) y del excedente (lo producido). En otras palabras, tienen el poder económico.

Por eso, en forma permanente existe una lucha entre estas dos clases antagónicas. El motor del cambio social es la lucha de clases.

Marx,
¿era marxista?

En el capitalismo la clase explotada, la obrera o proletaria, está llamada a desempeñar un papel revolucionario, no en virtud de atributos metafísicos o por el hecho banal de su volumen cuantitativo. La centralidad de esta clase se desprende de su lugar en el proceso de producción. Ella es la que verdaderamente produce, y es una de las protagonistas del sistema de contradicciones que caracteriza a la sociedad capitalista.

El nombre de Karl Marx está, y estará seguramente todavía durante muchos años, asociado más a las diversas experiencias y proyectos políticos que han dicho estar inspirados en sus ideas y categorías que a lo que se desprenden de una lectura atenta de sus textos.

Dibujo de Rius en **Marx para Principiantes**, publicado en esta serie.

El mismo Marx había observado que su obra suscitaba interpretaciones con las que él usualmente discrepaba. En tal sentido le escribió a Engels: *"Si eso que dicen es marxismo, yo no soy marxista"*. A Engels le sorprendía cómo muchos marxistas *"han elaborado las basuras más asombrosas"*.

Marx era completamente consciente de lo inacabado de su monumental obra y trataba permanentemente de ampliarla, detallarla y corregirla. En ese sentido, tampoco fue un marxista al estilo de sus seguidores: no se consideraba poseedor de una teoría de la sociedad que abarcase todas las dimensiones de la realidad.

El sistema de pensamiento de Marx, su teoría, es una larga e incesante serie de revisiones, aclaraciones y rectificaciones. Él sabía que su pensamiento no podía ser algo establecido y acabado para siempre. Hacia el final de su vida declaró que por fin había completado el estudio de la dimensión económica de la sociedad capitalista y que ya podía dedicarse a las dimensiones política e ideológica. De todos modos, continuó revisando y escribiendo nuevos borradores abocados a la economía.

Como se desprende de diversos documentos y de su postura ante la Comuna de París y su fracaso, Marx parece haber sido un hombre muy poco autoritario. Fue, sí, extremadamente duro en su relación con otros teóricos socialistas, pero su reacción parece la irritación propia de un hombre enfrentado a pensadores no sólo mucho más limitados, sino también desprovistos de su dedicación rigurosa, casi obsesiva, a la investigación científica.

El fantasma del marxismo

Soy la voz insepulta del marxismo. Sólo algunos de mis avatares yacen bajo los escombros del Muro de Berlín. Otros retroceden ante las imágenes polacas de la Virgen. Pero espiritualmente, por así decirlo, ando aún por todas partes. Mi respiración empapa la vida del mundo no solo occidental. Me han utilizado, como a casi todo, para perpetrar pesadillas sociales y bodrios de la imaginación. Me han invocado para torturar [...]. He dado palabras para nombrar lo que hoy sigue hiriendo, he nutrido el nervio, la rabia orgullosa, la agudeza crítica. Y he proporcionado aperturas, fantásticos relatos interpretativos, anchas aperturas teóricas que alimentaron la fantasía rebelde y el placer inteligente. Para los amantes del fútbol: soy un fino centrocampista que crea un juego inagotable. Conmigo se seguirá discutiendo. No seré cemento de construcciones perversas sino movilidad, sugerencia; presiento nuevas metamorfosis.

—Marcelo Cohan,
Una voz en las librerías

Durkheim

Francés, oriundo de Lorena, hijo y nieto de rabinos por ocho generaciones, **Émile Durkheim** (1859-1917) tuvo una infancia movida: laicización y abandono de su dedicación al rabinato; período de gran expansión industrial y económica; pérdida de la guerra franco-alemana; ocupación alemana de su ciudad natal, Epinal, en 1870, y Comuna de París. Trasladado a París en 1870, preparó y obtuvo su admisión en la prestigiosa Escuela Normal Superior (1876-82), empapada del típico cientificismo de la Francia laica y republicana, donde se diplomó en filosofía.

Fue profesor de moral de liceo (1882-86) y pasó a enseñar sociología en la Universidad de Burdeos (1887) y en La Sorbona (1902). Fue el primer profesor universitario de sociología de Francia. Murió quebrado por el dolor que le produjo la muerte de su hijo en la Primera Guerra Mundial.

Los temas y preocupaciones de Durkheim suelen considerarse como conservadores. Sin embrago, en su época se lo veía como un liberal. Sobre todo, tras la ardua defensa que realizó del capitán Alfred Dreyfus. Este militar había sido acusado de traición a la patria por el Consejo de Guerra del Ejército. No había pruebas. Algunos intelectuales comenzaron una campaña en su favor. Émile Zola ideó su famoso **Yo acuso**, defendiendo al capitán. La sociedad se dividió. Durkehim dijo que *"la gente celebró como triunfo lo que debió haber sido un duelo nacional. Al fin sabían a quién culpar por las penurias económicas y la miseria moral que sufrían. Todo era culpa de los judíos"*.

Dos son los temas principales alrededor de los que elaboró lo más importante de su voluminosa obra:

• Recoger la promesa central, pero incumplida, del positivismo: esto es, constituir a la sociología como una ciencia. En este sentido, incorporó el legado de Saint Simon y Comte, pero consideró que la mayor parte de esta herencia era aún demasiado especulativa e inconsistente (en otras palabras, filosófica). Durkheim se propuso cumplir las promesas incumplidas del positivismo precedente.

• Contestar a la siguiente pregunta: ¿cómo asegurar la cohesión, el orden, en una sociedad compleja, industrial, dinámica, en donde los lazos tradicionales, dados por la religión y la costumbre, que ataban al individuo con su comunidad y sus autoridades estaban ya definitivamente rotos?

O, en otras palabras, ¿cómo construir un orden social estable en una sociedad caracterizada por el cambio? En síntesis, le preocupaban dos temas: crear leyes y explicaciones científicas, y solucionar problemas sociales.

Durkheim es considerado el verdadero padre fundador de las corrientes sociológicas luego llamadas **funcionalistas** y **estructuralistas**, que consideran que es la sociedad la que determina los modos de actuar y de pensar de las personas.

¿Qué es la sociedad?

En uno de sus libros fundamentales, ***El suicidio***, Émile Durkheim señala que la felicidad del ser humano no es posible si éste exige más de lo que puede obtener, pero también se pregunta: *"¿Cómo fijar la cantidad (los límites) de bienestar, de lujo, de comodidad, que puede perseguir legítimamente un ser humano?".*

Y se contesta: *"Los límites no deben buscarse ni en su constitución biológica, ni psicológica. Librado a sí mismo, el hombre se plantea fines inaccesibles y así cae en la decepción. En nombre de su propia felicidad, pues habrá que conseguir que sus pasiones sean contenidas hasta detenerse en un límite que sea reconocido como justo.*

Ese límite debe ser impuesto a los hombres desde afuera por un poder moral indiscutido que funde la ley (en el sentido amplio, no sólo jurídico, en tanto práctica social que castiga las conductas sociales que se aparten de ella y recompensa a las que la respeten). Esta ley no podrán dictársela ellos mismos; deben recibirla de una autoridad que respeten y ante la cual se inclinen espontáneamente.

El único poder moral que está por encima de todos los individuos y cuya superioridad éstos aceptan, el único poder que puede dictar esta ley, es la sociedad, ya sea directamente, ya sea mediante sus órganos".

Por eso, para Durkheim, la sociedad produce caminos de acción, de pensar, de sentir, que no controlamos, coactivos, que nos gobiernan sin que nos demos cuenta. Y está bien que así sea.

La sociedad está compuesta por los individuos que la integran, pero es algo diferente, más contundente, que la simple sumatoria de todos sus individuos. Hay algo más, anterior al individuo, que lo cohesiona y determina su conducta: la sociedad misma.
Uno de los grandes aportes de Durkheim es, precisamente, haber elaborado esta idea de una sociedad.

A menudo se ha dicho que para él la sociedad es como un Dios: oculta pero omnipresente, externa pero interiorizada en cada individuo. Como todo Dios, termina siendo la explicación y solución última de todos los misterios.

Un método para la Sociología

El positivismo, con su exigencia de explicar e investigar a la sociedad como si fuera un organismo natural, siguió influyendo en una sociología ya plenamente madura como la de Durkheim. Los hechos sociales son cosas y como tales debemos considerarlos. Deben estudiarse mediante investigaciones empíricas y no con divagaciones filosóficas. Podemos estudiar las ideas en abstracto, de forma puramente mental. Las cosas, en cambio, deben estudiarse con datos duros.

Un hecho social es externo al individuo (o sea que él no lo crea) y coercitivo (lo obliga).

El modelo de su fundamental *Las reglas del método sociológico* (1895) será *Introducción al estudio de la medicina experimental* (1865), un popular manual de medicina del fisiólogo Claude Bernard.

La división del trabajo social

El supuesto de que hay una primacía de la sociedad sobre el Individuo aparecía ya nítidamente desde su tesis de doctorado *La división del trabajo social* (1893). El tema fue desarrollado a lo largo de toda su vida.

La división del trabajo social es un hecho material, medible, que indica el grado de desarrollo de una sociedad. Las sociedades más primitivas casi no tienen división del trabajo (una persona realiza todas las actividades: caza, pesca, etc.). Al evolucionar, el trabajo tiende a dividirse cada vez más en roles especializados: surgen el cazador, el soldado, el recolector, etc. Las sociedades modernas están unidas por la hiperfragmentación de este trabajo social. Todos dependemos de una infinita cadena de trabajadores que nos proveen de luz, comunicaciones, transporte, alimentos, etc.

A cada una de estas sociedades le corresponde una forma básica de solidaridad. La propia de las sociedades modernas es la orgánica y la de las sociedades primitivas (pequeñas, homogéneas) es la mecánica. Esta última perdura en los núcleos pequeños (pueblitos, vecindarios, grupos de amigos). La mecánica es casi natural: se produce por identificación con el otro. La orgánica, en cambio, es mucho más compleja: se fundamenta en que cada uno sabe que depende del otro. Durkheim estaba preocupado por lograr que esa solidaridad orgánica fuese tan fuerte como había sido la mecánica en otros tiempos.

El suicidio

Aún hoy *El suicidio* (1897) se considera una de las investigaciones empíricas más rigurosa, un clásico todavía utilizado como ejemplo de tratamiento específico de las conexiones entre causas y consecuencias. En él, mediante minuciosos análisis estadísticos, Durkheim demostró que la tasa de suicidios variaba entre individuos de distintas creencias religiosas y diferente extracción social.

Los cuatro suicidas

Según Durkheim, el suicidio era central para demostrar la validez de la sociología. La tesis fundamental es que los cambios en las sociedades determinan cambios, en cantidad y cualidad, en los suicidios.

Anómico

Ocurre en las épocas de grandes cambios (por ej., una depresión económica). En tales situaciones, las rutinas del trabajo y la familia se desintegran. El sistema de valores se corrompe. No hay reglas, ni valores. La sociedad está en crisis. ¿Para qué vivir?

Egoísta

Ocurre en las sociedades que no dan sentido. La familia y la religión casi no existen. No hay un sentido de pertenencia del individuo a la sociedad global. El único modo de reconocimiento parece ser el éxito. Pero quienes no lo logran quedan profundamente insatisfechos.

Max Weber

Fatalista

El individuo siente que su vida no tiene ningún sentido, ya que él no la maneja. Es el caso típico de un esclavo.

Altruista

El individuo se siente obligado moralmente a suicidarse para hacer un bien a su sociedad. En este caso hay un exceso de reglas.

En su introducción a *El suicidio*, Émile Durkheim había advertido sobre el error de definir sociológicamente ese acto a partir de la voluntad de quien lo comete. Como la intencionalidad de los actores es inobservable no puede ser objeto, decía, de la ciencia. La intención es cosa demasiado íntima como para poder captarla desde afuera.

El punto de partida de **Max Weber** fue precisamente el contrario. Durkheim construyó el objeto de estudio de la sociología desde la exterioridad y las coerciones sociales que determinan las conductas individuales. Weber, en cambio, parte desde el individuo, ya que solo él puede actuar con intencionalidad. Se trata de dos caminos inversos, productos de dos tradiciones culturales opuestas: el positivismo dominante en Inglaterra y Francia, y el neokantismo historicista alemán.

Weber no analiza la sociedad naturalizada, sino el comportamiento individual.

El dilema básico de la teoría sociológica

¿Hasta qué punto los seres humanos somos actores creativos que controlamos activamente nuestras vidas? ¿O, por el contrario, gran parte de lo que hacemos es en verdad el resultado de fuerzas sociales que escapan a nuestro control? Estas preguntas han producido, continúan y continuarán produciendo una división básica entre los sociólogos. Autores como Max Weber, la Escuela de Chicago y los interaccionistas simbólicos enfatizan los componentes activos y creativos del ser humano. La sociedad no es sino la suma de las acciones de múltiples individuos.

Para autores como Durkheim o Parsons, la sociedad no puede reducirse a la suma de sus individuos.

Hay algo más que nos impulsa u obliga a actuar de determinada forma: la **estructura social**. Es como una carretera: podemos avanzar más o menos rápido u optar por ciertos atajos, pero las posibilidades y las metas ya están fijadas de antemano.

Una vez que estamos en ella, es muy poco lo que podemos elegir.

> La estructura es como una gigantesca corriente marítima que nos arrastra. En cambio, la figura del sujeto supone un navegante que elige a dónde y cómo ir.

> Desde los años 60 diferentes sociólogos han procurado encontrar un camino intermedio en este dilema de la estructura y la acción; entre otros, **Bourdieu** y **Giddens**.

Max Weber, para muchos el más relevante sociólogo de todos los tiempos, no sólo era muy versado en economía, filosofía y derecho, también era un sólido historiador y un gran amante de la literatura, lector voraz de novelas y poesía. Sus indagaciones abarcan todos los períodos y lugares, desde la Antigüedad, el Medio Oriente, China o la India, hasta el presente, y contienen muchos aspectos e investigaciones sorprendentes (análisis de la bolsa de valores, las consecuencias psicofísicas del trabajo industrial o las colonias de inmigrantes en la Argentina). Max Weber era un erudito, un hombre con un nivel de información pocas veces visto. Pero no era una información sólo enciclopédica o teórica, estaba al tanto de lo que pasaba en todo el mundo.

La causa y el efecto en las ciencias sociales

Su Alemania, la de principios de siglo, atravesaba en ese período sus mayores cambios: la unificación tardía en un solo Estado, su ascenso a potencia económica y militar a escala mundial, el afianzamiento del partido socialdemócrata y del sindicalismo más populares y mejor organizados de toda Europa.

Weber se oponía a la idea positivista de que a una causa le sigue un efecto, como argumento suficiente en la sociología; no sólo rechazaba la idea de que una causa comienza en un momento dado e identificable para el investigador. Para él, un efecto cualquiera se extiende hacia el infinito; es definitivamente inconmensurable. A su vez, la cadena de efectos posibles no es menos infinita que la de las causas de cualquier fenómeno social.

En sus tiempos de estudiante, Weber era ciertamente obsesivo. Un contemporáneo lo describía así: *"Continúa con una rígida disciplina de trabajo, regula su vida con reloj, divide su rutina diaria en períodos cronometrados, exactamente iguales; a cada materia le dedica el mismo tiempo, ni un minuto más, y cena todas las noches exactamente una libra de carne con cuatro huevos fritos".* Sin embargo, como Marx, era un gran bebedor de cerveza. Tras la muerte de su padre, en 1897, después de una discusión, tuvo un colapso nervioso grave y no pudo volver a la universidad hasta 1918. Fue uno de los autores de la *Constitución liberal de la República de Weimar* (1921).

Entre algunas de las lecturas que lo influyeron figuran Marx, Kant, Tönnies, Simmel y el excéntrico filósofo Friedrich Nietzsche (1844-1900).

El mecanicismo positivista es una mera ilusión. La realidad es infinita en extensión y comprensión. No alcanzaremos jamás una comprensión exhaustiva del mundo.

CAUSA
EFECTO

La esencia de la crítica sociológica es analizar la pluralidad de causas y, a posteriori, señalar el peso de cada una de ellas. Pero debemos saber que esta distribución de pesos es siempre provisoria.

CAUSA
EFECTO

La formación del mundo moderno y el espíritu protestante

El análisis y los orígenes del capitalismo (*La ética protestante y el espíritu del capitalismo*,1905, y *Economía y sociedad*, 1922) desarrollados con enorme erudición histórica y riqueza teórica constituyen su aporte más difundido. Weber señala que ha habido economías más o menos racionales y aun capitalismos primitivos; también un poder político, pensamiento metódico y aun científico, y una organización jurídica parecida a nuestro derecho.

La acumulación y avidez de riquezas tampoco son novedades del capitalismo contemporáneo y esto no es extraño, ya que ellas proporcionan confort, seguridad y poder, cosas que muchas sociedades han buscado.
Pero —y esta es la gran pregunta que Weber fue contestándose— ¿por qué sólo en las sociedades occidentales se desarrolló la enorme pujanza del capitalismo contemporáneo llamado a modificar de raíz el planeta? ¿Cuál fue el motor de este despliegue?

EL BANQUETE ROMANO

os protagonistas del incipiente capitalismo pertenecían a sectas puritanas; llevaban un estilo de vida austero y rígido en lo personal y familiar, ya que creían que su salvación estaba dada por la dedicación rigurosa a las actividades seculares, en contraste con los banqueros italianos del Renacimiento, que gastaban sus riquezas en banquetes, celebraciones, obras de arte, en fin, en la *dolce vita*. El calvinismo llevó al hombre de negocios a una conducta económica racional, identificada con el espíritu emprendedor y acumulativo, necesaria para un capitalismo maduro.

¿Qué quiere decir exactamente racionalidad?
Es un conjunto de fenómenos entrelazados, no se los puede analizar sino como parte de un fenómeno global. Son la ciencia y la tecnología aplicadas a la producción (y que se expanden al resto de las actividades sociales), organizaciones económicas basadas en la eficiencia y la técnica, la burocracia como única forma posible para organizar a las sociedades de masas...

¿La burocracia puede ser racional y eficiente?

Weber rechazó la noción de sentido común, que ve a la burocracia como un sinónimo de papeleos, improductividad y despilfarro. Para él, la burocracia es la forma organizativa moderna por excelencia y, como tal, constituye un enorme paso con respecto a las premodernas (tales como el clientelismo, parasitismo o la venta de puestos).

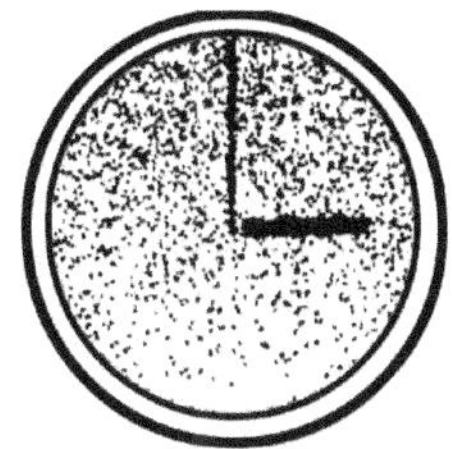

La burocracia ideal debería funcionar con jerarquías rígidas y explícitas, con objetivos claros y específicos para cada uno de sus miembros, con una estricta separación de los bienes y roles entre la organización y la vida privada, con ascensos y promociones basados solamente en criterios de idoneidad. Debería ser como una máquina perfecta, compuesta de miles de pequeños y aceitados engranajes entrelazados, en donde todo está previsto, nada librado al azar.

La jaula de hierro de la burocracia

Pero Weber no es un admirador ciego de esta lógica de la racionalidad extrema. Sus páginas más dramáticas, más personales, más profundas, están dedicadas a recalcar el alto precio que hemos pagado, a cambio de los beneficios de la sociedad racionalista. Vivimos en un mundo artificial, entregado cada vez más a la especialidad y la rutina. Somos meros engranajes de una máquina que no conocemos y que amenaza escapar a nuestro control. Weber utilizó una metáfora de enorme fuerza: somos prisioneros de la jaula de hierro de la burocracia.

Nuestro tiempo carece del encanto de los antiguos tiempos, de la poesía, de la unión religiosa que fortalecían el mundo. En síntesis, un mundo desencantado. Los dioses ya se han ido y el único sentido es el que le damos nosotros, los meros humanos.

Se ha dicho que Weber es un racionalista que estudia una civilización cuya excesiva racionalidad la conduce hacia el callejón sin salida de la irracionalidad. Su pregunta dramática es cómo resguardar algo de libertad frente a esta tendencia hacia la burocratización total.

Weber vs. Marx, un clásico de la sociología

Una larga tradición ha opuesto la obra de Weber a la de Marx sugiriendo que la del primero puede leerse como una refutación de la del segundo en cada uno de sus puntos. Weber, se ha dicho, debido a la vastedad de su obra, es un anti-Marx, el Marx de la burguesía. Según esta visión, para Weber las ideas y los valores de los individuos generan comportamientos económicos (concretamente, la emergencia del capitalismo), mientras que para Marx son las estructuras económicas las que generan las formas de pensamiento. Esto parece una simplificación excesiva: Marx reconoció que el Estado o la religión podían jugar un papel autónomo y Weber no era un idealista irredimible. Nunca negó que el interés económico es central en la vida. Parecería, más ajustadamente, que Weber dialoga críticamente con el marxismo de la socialdemocracia alemana de su momento, de tendencia marcadamente economicista.

Grandes artistas han sentido y reflejado la pesadilla de un mundo hiperburocratizado: desde ya, Franz Kafka (*El castillo*) y George Orwel (*1984*); pero también cineastas como Fritz Lang (*Metrópolis*), Charles Chaplin (*Tiempos modernos*) y, más recientemente, Terry Gilliam (*Brasil*).

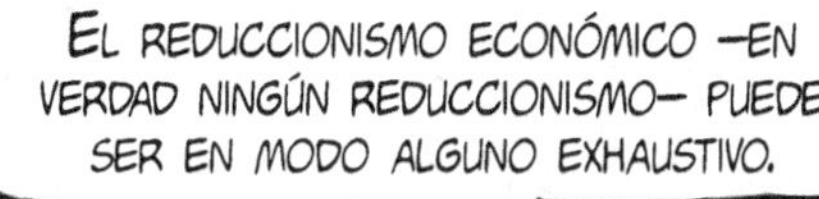

Weber fue muy respetuoso de las ideas de Marx y sus seguidores; incluso fue uno de los primeros profesores en incluir textos marxistas en los planes de estudio universitarios. Sin embargo, no parecen haberle causado la menor simpatía los numerosos exiliados rusos que conoció.

Tampoco el socialismo le parecía una solución a los peligros de la modernidad capitalista. Si racionalidad y burocratización extrema e impersonal eran una realidad bajo el capitalismo, mal podría ser el socialismo una solución. El socialismo de los socialdemócratas alemanes no significaría en esto ningún cambio sustantivo: es apenas una variante más de esa burocratización, incluso agravada por la planificación y centralización de la vida económica.

Comparación entre Marx y Weber

Ideas marxistas generales	Ideas weberianas generales
La dinámica principal del desarrollo moderno es la expansión de las relaciones de producción capitalistas y con ella del antagonismo entre la burguesía y el proletariado.	Esta dinámica está dada por el avance de la racionalización.
La principal desigualdad está dada por la pertenencia a diferentes clases sociales.	Existen muchos tipos de desigualdad y la clase es sólo una de éstas.
En última instancia, la explicación de estas desigualdades es económica.	Hay múltiples explicaciones acerca de las desigualdades.
El capitalismo será superado por un sistema superior (socialista) o se hundirá en la barbarie.	La racionalización se incrementará en el futuro en todas las esferas de la sociedad.

Georg Simmel:
la ardilla sociológica

Las múltiples reflexiones y ensayos de otro alemán, **Georg Simmel** (1858-1918), abarcaron temas aún hoy atípicos para la sociología: el asa de las tazas, la puerta, el secreto, la coquetería o la ceguera.

Para sus detractores era alguien sin ninguna seriedad, apenas un showman. Para otros, en cambio, fueron la originalidad y vivacidad de sus ensayos, así como la amplitud de sus intereses, contrastantes con la aridez, la mediocridad y también el antisemitismo de la vida universitaria alemana, las que le impidieron, no obstante el apoyo entusiasta de Max Weber y del prestigioso filósofo **Edmund Husserl**, desarrollar una carrera académica exitosa.

Una sociología de las formas

La sociología de Simmel parte de la distinción, de larga tradición en Alemania, entre la forma y el contenido. De este último debe ocuparse la psicología. La sociología, en cambio, es la disciplina que estudia las formas.

El contenido es lo que impulsa al individuo a actuar: dinero, amor, fe religiosa, etc. Las formas son pautas que han guiado la interacción humana a lo largo de los siglos: el conflicto, las jerarquías, la competencia, etc. Lógicamente, las formas son rellenadas con contenidos.

Entre los primeros psicoanalistas de Austria, una secta religiosa y los miembros de una célula leninista no parecería haber elementos comunes. Los contenidos son muy diversos. Pero las formas son comunes: la estructura cerrada y el convencimiento de tener un secreto especial que muy pocos conocen que los llevarán a un compromiso cada vez más sólido con el grupo y a un alejamiento del resto de los mortales.

Una de las formas más abstractas son los números. La mera información cuantitativa nos permite saber mucho acerca de un grupo de personas y las relaciones que podrían llegar a establecer. El tres es uno de los más interesantes y frecuentes.

El terceto da lugar a un amplio abanico, que puede ser el aprovechador del divide y reinarás o, por el contrario, el árbitro o mediador entre dos en disputa, el confesor, el cómplice. Permite que haya mayorías y minorías, coaliciones de poder y opresión.

Para completar las formas sociales, Simmel construye una galería de personajes formales presentes en las sociedades más diversas: el mediocre, el aventurero, el extraño, el renegado, el pobre…

La moda

Maestro en el arte de analizar lo social a partir de los hechos más aparentemente triviales, Simmel fue uno de los primeros en tomarse en serio la moda. Para él, a través de ella se pueden ver muchas de las tendencias y contradicciones de la sociedad moderna. Por un lado, le permite al individuo aislado integrarse a un grupo del cual sentirse parte. Pero también le posibilita a otros individuos diferenciarse, separarse o repudiar a ese mismo grupo. La moda obliga a definirse: se está de moda o se está fuera de moda. Sin embargo, un esfuerzo demasiado sostenido por diferenciarse termina convirtiéndose en una falsa rebelión, la de la imitación inversa.

Otra paradoja de la moda es que su éxito la convierte inmediatamente en un fracaso, ya que deja de ser distintiva.

Vilfredo Pareto

La diferencia entre las acciones lógicas y las no lógicas le sirve para definir residualmente a la sociología como la disciplina que se ocupa del análisis de estas últimas. La distinción entre el carácter lógico, no lógico o alógico de la acción humana es el centro de sus preocupaciones. El hecho es que encarna el desafío explícito de un teórico social, representando una tradición hasta entonces alusiva y subterránea: al dogma de la perfectibilidad de la naturaleza humana, y levantando una documentada duda sobre nuestra capacidad de actuar racionalmente en nuestra vida política y social.

Hijo de un aristócrata, de formación técnica, Vilfredo Pareto (1848-1923) es el gran aporte italiano a la sociología clásica. Trabajó como ingeniero durante dos décadas, luego se volcó a la economía –es uno de los fundadores de la teoría económica matemática– y finalmente abordó la sociología y la ciencia política.

Con la Primera Guerra Mundial y sus terribles consecuencias –diez millones de muertos, hambre y desempleo– en Europa desapareció la fe y la esperanza de pensar en el futuro como un tiempo donde todos tendrían un mayor grado de progreso y bienestar. Este había sido el clima y la ilusión que había acompañado a los teóricos del siglo XIX, desde Marx a los positivistas.

La fábula del zorro y el león: ¿una sociología fascista?

Su teoría de la circulación de las élites pretendió ser la primera teoría científica de la política. Fue un intento de refutación de las teorías sobre el orden político predominantes en su época: la marxista y la liberal democrática. Según Pareto, en toda sociedad, incluso en las más democráticas, hay una división entre la élite (o aristocracia) y la masa (o mayoría silenciosa). La evolución histórica repite de forma permanente esa división: de la masa surgen ciertos individuos innovadores (los "leones") que suelen ganar el apoyo de la mayoría para derrocar y sustituir a la élite dominante. Pero una vez llegados al poder se vuelven, como sus antecesores, un grupo conservador que busca la permanencia en el mismo. Para ello utilizan la corrupción, la astucia o la violencia. Terminó el círculo vicioso con una nueva élite dominante (los "zorros"). Sólo una élite que logre combinar dosis iguales de innovación y conservadurismo podría asegurar el equilibrio, pero esto es bastante improbable.

Muchos han relacionado las ideas de Pareto con el ascenso de Benito Mussolini y el fascismo. Aunque discutible, es evidente que entre ambas concepciones políticas hay fuertes coincidencias, entre otras: el antiliberalismo, el antisocialismo, el rechazo a la democracia y la defensa de un orden social fuertemente jerárquico.

La teoría crítica de la Escuela de Frankfurt

La teoría crítica ocupa un lugar destacado entre los diversos intentos emprendidos por el marxismo, en el período de entreguerras, para desarrollar un marxismo teóricamente productivo, ajeno tanto al reduccionismo economicista –que sostenía que todos los hechos políticos y culturales debían explicarse como meros reflejos de la economía– como al dogmatismo que intentaba responder a las enormes transformaciones del siglo XX repitiendo monótonamente frases aisladas de Marx o Engels. Además estaban lejos de rechazar a las "disciplinas burguesas" (la sociología, la psicología), como aconsejaban los dirigentes de la socialdemocracia alemana y del comunismo soviético. Por el contrario, los distinguió la utilización sistemática de todas las ciencias sociales y su incorporación creativa dentro del cuerpo de ideas marxista. También fueron los primeros teóricos marxistas en acceder a posiciones relevantes dentro del mundo académico. Hoy es bastante frecuente hablar del **marxismo académico**, pero en esa época supuso toda una revulsión y un desafío, tanto para los marxistas militantes como para los profesores universitarios, usualmente antimarxistas.

Max Horkheimer (1895-1974), el referente más conocido de la teoría crítica, fue más riguroso que **T.W. Adorno** (demasiado seducido por la sugestividad musical de una frase) y más abierto hacia la realidad económica y práctica que **Herbert Marcuse**, incurablemente abstracto.

Theodor Wiesengrund Adorno (1903-1969) es probablemente el más complejo de sus pensadores. Fue un musicólogo, discípulo del gran Alban Berg; un filósofo, un marxista, un sociólogo capaz de estudios empíricos sistemáticos, un pensador antropológico, un profundo conocedor de poesía y literatura, y uno de los más relevantes teóricos de la estética del siglo XX. Probablemente encarnó como ninguno el espíritu interdisciplinario de la Escuela.

Otros integrantes fueron el psicoanalista **Erich Fromm**, el crítico literario y ensayista **Walter Benjamin** y el mencionado Marcuse.

¿Por qué Frankfurt?

Este ambicioso proyecto necesitaba atraer a científicos de disciplinas bien dispares, pero que compartieran esta orientación general común. Además requería de condiciones institucionales y materiales que permitieran trabajar conjuntamente bajo un mismo techo. El clima de la próspera Frankfurt de los años 20 era particularmente propicio: había una riquísima vida intelectual estructurada alrededor de una universidad recién fundada (en la que funcionaría el Instituto de Investigación Social), medios de comunicación abiertos al debate y la experimentación, y el prestigioso y activo **Centro Libre de Instrucción Judío**. Otro dato no menor era la presencia de una burguesía acaudalada y de mentalidad abierta dispuesta a sostener (económicamente) esta excepcional concentración de energía intelectual. En 1930, Max Horkheimer fue designado en la dirección del instituto; en su discurso inaugural ya esbozó las líneas centrales del programa para una **teoría crítica de la sociedad**.

Filosofía y sociología: crónica de un romance

El punto de partida para una fundamentación crítica de la sociedad suponía la superación de la brecha histórico-cultural entre la filosofía y la investigación empírica. Por eso, gran parte de las energías de la Escuela de Frankfurt se concentró en una crítica sistemática al positivismo, sólo interesado en la dominación de la naturaleza física (al expulsar a la filosofía del terreno científico había perdido la capacidad de ejercer una crítica trascendente). La hiperfragmentación y superespecialización positivista de las ciencias las había aislado de sus raíces sociohistóricas y les había escamoteado sus objetivos prácticos. Para los frankfurtianos, la investigación debía ser científica, empírica, pero enmarcada en un proyecto filosófico e interdisciplinario que le permitiera formular una gran crítica global de la sociedad contemporánea.

La industria cultural

La economía política marxista había demostrado que racionalmente las estructuras económicas impulsaban la crisis del capitalismo y su transformación revolucionaria.
Si la razón tomaba esta dirección, era necesario investigar y explicar las fuerzas irracionales que frenaban y postergaban la crisis capitalista y la revolución proletaria.

Las investigaciones de Sigmund Freud sobre la mente humana y sus componentes irracionales fueron prontamente incorporadas por los frankfurtianos. La psicología les permitió entender estos mecanismos de la mente humana y del nivel individual. Pero necesitaban investigar mediante qué otros mecanismos este nivel individual se transformaba en uno más amplio, propiamente social, capaz de entender el conformismo de la sociedad. El peso de la cultura y de la ideología fueron otros de los terrenos en que se desenvolvió el materialismo interdisciplinar de la Escuela.

Ala maquinaria
industrial que
media entre la
producción y el
consumo cultural le
aplicaron el concep-
to de **industria
cultural** (las disco-
gráficas, las editoria-
les, las productoras
cinematográficas).
En ella y en otros
sectores de la
economía industrial,
estudiaron el domi-
nio de monopolios
interesados en la
difusión de valores
burgueses, cuya
supremacía trataban
de mantener frente a
cualquier
construcción
alternativa.

Fueron los primeros sociólogos que percibieron la enorme importancia que estaban adquiriendo los medios de comunicación de masas en las sociedades del capitalismo avanzado, ya fuese en su versión fascista o liberal.

La industria cultural es un psicoanálisis al revés: mediante el goce banal se le niega al hombre la capacidad de un conocimiento real de su condición de existencia. Es la industria más poderosa: produce conciencia.

Para ellos, el capitalismo nos ha introducido en un mundo de falsas necesidades estrechamente conectadas con la industria cultural. La libertad se restringe a elegir entre diferentes marcas de lo mismo o entre partidos políticos casi idénticos; pero no hay espacio para la denuncia sistemática de una sociedad injusta o las teorías y formas políticas realmente alternativas.

La edad de la catástrofe

Después de la Primera Guerra Mundial (1914-1918) la Europa liberal, de los grandes proyectos filosóficos y artísticos, de la ciencia triunfal y la utopía del progreso ilimitado fue puesta en cuestión. Había pasado a ser la Europa de las matanzas masivas, de los campos de refugiados, de los regímenes totalitarios… La victoria nazi de 1933 exilió al Instituto, pero no lo destruyó como centro. Horkheimer, prudentemente, había transferido los fondos hacia Holanda y establecido oficinas en Suiza. Antes del estallido de la Segunda Guerra, salvo el crítico literario y filósofo Walter Benjamin que murió en 1940 cuando huía de la Gestapo, todos sus miembros se habían incorporado a la vida académica estadounidense. Para camuflarse en su nuevo hábitat, hostil a cualquier atisbo marxista, se retiraron de las temáticas políticas y se volcaron hacia análisis sociológicos convencionalmente positivistas.

Privadamente, sin embargo, Adorno y Horkheimer, mantuvieron una hostilidad sin matices contra la sociedad estadounidense, cuyo liberalismo era identificado con el fascismo alemán.

En los años 40 la Escuela fue girando hacia una filosofía pesimista, cuyas raíces pueden entenderse a partir de la hecatombe que implicó el nazismo.

En **Dialéctica de la Ilustración** (1946), su obra más conocida, Horkheimer y Adorno cuestionan duramente cualquier atisbo de optimismo. Parten de que la verdadera emancipación humana –su plena desalienación– sólo puede pensarse a partir de una reconciliación plena con la naturaleza (tal como había sugerido Marx en sus escritos juveniles). Sin embargo, tanto las sociedades del capitalismo liberal y del fascismo como las del socialismo real se han lanzado desenfrenadas al dominio y la explotación desenfrenada de la misma. Y este dominio, mediante la racionalidad instrumental propia del iluminismo y el positivismo, genera una alienación creciente. El nazismo, con su organización racional, burocrática, perfecta del genocidio y la destrucción, es la última etapa en ese proceso de desintegración y decadencia de la civilización burguesa.

El ángel de la historia

Este deberá ser el aspecto del ángel de la historia. Ha vuelto su rostro hacia el pasado. Donde a nosotros se nos manifiesta una cadena de datos, él ve una catástrofe única que amontona incansablemente ruina sobre ruina, arrojándolas a sus pies. Bien querría él detenerse, despertar a los muertos y recomponer lo despedazado. Pero desde el paraíso sopla un huracán que ha enredado sus alas y que es tan fuerte que el ángel ya no puede cerrarlas. Este huracán lo empuja irremediablemente hacia el futuro, al cual da la espalda, mientras que los montones de ruinas crecen hasta el cielo. Este huracán es lo que nosotros llamamos progreso.

WALTER BENJAMIN

Ver WALTER BENJAMIN PARA PRINCIPIANTES

Disparen sobre Frankfurt

De limitada audiencia durante su época de esplendor –los años 30 y 40–, los pensadores de Frankfurt alcanzaron una vasta repercusión en los años 60, que continúa aún hoy. Los movimientos estudiantiles de los 60 y el auge posterior de los estudios culturales y de las ciencias de la comunicación han motorizado esta difusión. Pero el éxito, en sociología, viene acompañado de la crítica.

La empresa teórica de Frankfurt ha fallado, pero, como ante otros grandes fracasos de la teoría social, es difícil no dejar de admirar el esplendor de ese fracaso.

La institucionalización de la sociología en los Estados Unidos

ESCUELA DE CHICAGO

En 1830 sólo existía una ciudad industrial con más de un millón de habitantes: Londres. Pero cien años después todo había cambiado. Una de las urbes que experimentó el crecimiento más notable fue Chicago. En 1840 no llegaba a los cinco mil habitantes; en 1900 superaba el millón y en 1920 se acercaba a los tres millones. Miles de inmigrantes europeos y migrantes negros provenientes del sur decidieron radicarse en esa ciudad, la metrópolis del midwest americano. Nudo central del paso hacia el oeste, Chicago conoció un espectacular desarrollo industrial, comercial y financiero. En ese extraordinario ambiente de cambio urbano y creatividad fronteriza surgieron los arquitectos que marcaron la vanguardia mundial y el primer centro universitario de estudio sociológico americano.

En 1890 se creó, gracias al aporte financiero de millonarios como John D. Rockefeller, la Universidad de Chicago. Poco después se crea el primer Departamento de Sociología de Estados Unidos. Allí se desarrolló la Escuela Sociológica de Chicago.

Chicago fue un observatorio privilegiado para muchas de las investigaciones de su Escuela: el estudio de las subculturas, el entramado entre diversos grupos étnicos y sociales, las consecuencias de la urbanización a gran escala en la vida de las personas y las conductas sociales desviadas.

Muchas de las principales figuras de la Escuela de Chicago eran sacerdotes o hijos de sacerdotes. Por esto en mucha de sus formulaciones predomina el interés por producir reformas sociales, más que el rigor científico.

El campesino polaco

Además de un interés teórico, la Escuela se preocupó por buscar casos empíricos que la inspiraran y confirmaran. El primer gran fruto de esto fue *El campesino polaco en América y Europa*, de **William Thomas** (1863-1947) y **Florean Znaniecki** (1882-Polonia, 1958). En él se propusieron transmitir la experiencia de vida de los campesinos polacos en un momento de grandes cambios: el paso de una situación de relativa seguridad y estabilidad en su país de origen a la soledad de las grandes ciudades estadounidenses, el paso de una cultura centrada en la familia y los vecinos a otra basada en la convivencia urbana.

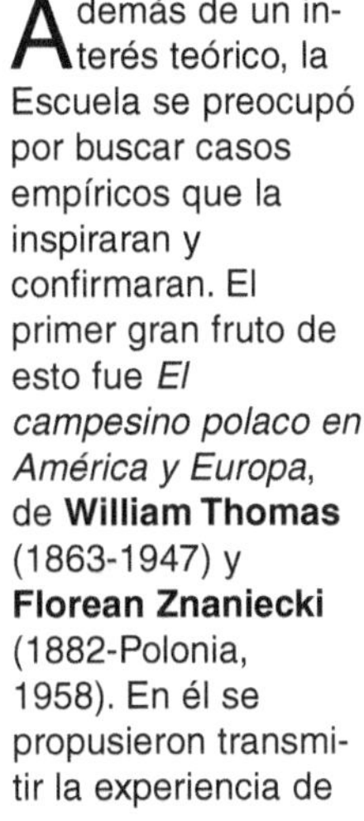

Hasta 1930 Chicago fue la meca de la sociología de su país. Miembros de esta universidad dominaban la Sociedad Americana de Sociología y la *Revista Americana de Sociología*.

Thomas y Znaniecki aportaron a la sociología gran cantidad de técnicas de investigación procedentes de la antropología, como las entrevistas en profundidad y las historias de vida en las que el entrevistado cuenta sus percepciones subjetivas. Para ello utilizaron documentos personales (diarios íntimos, cartas, fotos). Hasta ese momento, el insumo básico del sociólogo eran los documentos oficiales y las estadísticas.

La urbanización e industrialización aceleradas cambiaron de raíz el modo en que los hombres desenvolvían su vida cotidiana.

El análisis de casos permite estudiar el modo en que las experiencias individuales están conformadas por procesos sociales más generales. Cada campesino polaco estudiado era, en verdad, millones de campesinos inmigrantes.

Los campesinos polacos no eran, como se creía, una masa homogénea. Hay una gran diversidad de personalidades, de modelos culturales y de formas de organizarse. Los dos sociólogos se ocuparon de estudiar cosas tan diferentes como la relación con la política, los prostíbulos, la prensa o los salones de baile de la comunidad polaca.

Los cuatro deseos humanos fundamentales según Thomas y Znaniecki:

- Deseo de experiencias nuevas.
- Deseo de reconocimiento.
- Deseo de dominio.
- Deseo de seguridad.

"*Es difícil imaginar cuál habría sido el curso de la sociología estadounidense sin la contribución de estos dos autores. Una cosa es segura: sin la influencia de estos dos maestros, la sociología de ese país sería mucho más pobre*".

—LEWIS COSER

Funcionalismo:
la edad de oro del capitalismo

Las dos últimas grandes guerras que había conocido el mundo –las guerras napoleónicas y la Primera Guerra Mundial– fueron seguidas de crisis políticas y depresiones económicas. Por el contrario, el período que se extendió desde fines de la Segunda Guerra Mundial (1939-1945) hasta comienzos de los años 70 fue de una gran prosperidad, como quizás el mundo no había conocido nunca. Algunos historiadores la llaman "la Edad de Oro del capitalismo".

Estados Unidos, una vez finalizado el conflicto, no tuvo inconvenientes en transformar con celeridad su economía de guerra en una adaptada a las necesidades de la paz. Así, asumió la dirección del mundo no comunista, apoyándose en su primacía económica y en su formidable aparato militar. Presidió un orden mundial capitalista y liberal.

"En el ámbito social el período se caracterizó por el pleno empleo y el nacimiento de la llamada 'sociedad de consumo'. Los trabajadores y la clase media pudieron acceder a bienes hasta entonces sólo al alcance de unos pocos privilegiados, como los electrodomésticos, automóviles, televisores y viviendas".

—RICHARD HAMILTON, *INTERIORES*

El llamado Estado de bienestar transformó en servicios públicos y generalmente gratuitos lo que antes eran consumos privados inalcanzables para la mayoría de la población, como la sanidad y la educación.

Hollywood, convertida en el primer centro mundial de producción y comercialización cinematográfica, difundió la imagen de un país donde el bienestar y las posibilidades de progreso individual estaban al alcance de todos. Eso fue conocido como el "american way of life".

La edad de oro de la sociología

El funcionalismo fue la escuela sociológica que mejor capturó e interpretó esta nueva etapa de las sociedades industriales de Occidente. Su fundador fue **Talcott Parsons** (1902-1979), quien intentó elaborar una nueva gran teoría: sistemática, completa y elegante.

Teóricamente importante o no, políticamente repudiable o no, fue Talcott Parsons quien, más que cualquier otro, ha influido sobre los sociólogos del mundo entero en la época de expansión de la sociología como disciplina académica. Parsons proporcionó el centro de la discusión teórica durante tres décadas (1935-65), tanto para sus oponentes como para sus partidarios. Todavía en 1964, el 80% de los sociólogos estadounidenses, según una famosa encuesta, consideraba al funcionalismo como una teoría valiosa.

Un año después de la creación del Departamento de Sociología en la Universidad de Harvard (1930), Parsons comenzó a enseñar allí. En pocos años esa universidad pasó a ser la nueva meca de la sociología estadounidense, desplazando a Chicago y a las escuelas europeas destruidas por el nazismo y la guerra. En Harvard y las universidades del este rápidamente el funcionalismo ganó adherentes. Entre los muchos discípulos de Parsons, el más influyente fue **Robert Merton** (1910-2003).

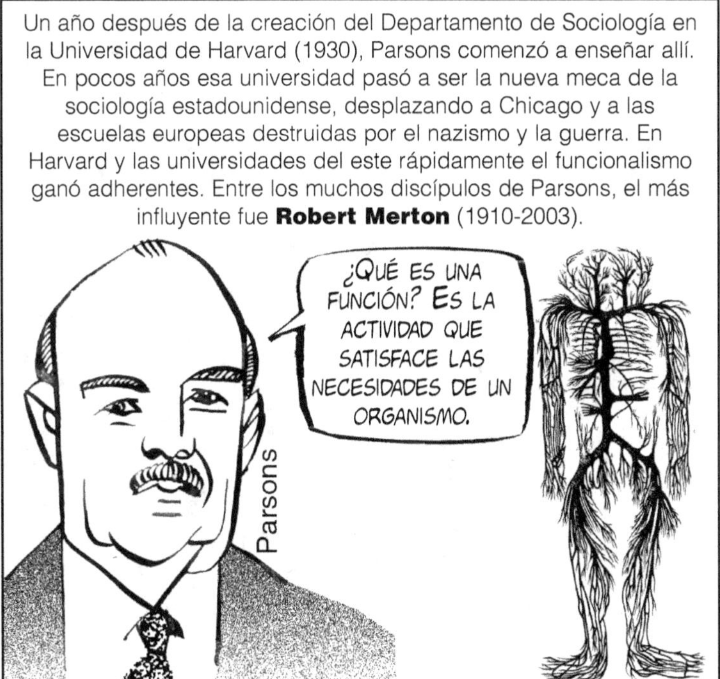

La arcilla de la que estamos hechos es la cultura

Al igual que a Durkheim, el tema que más le preocupa a Parsons es cómo mantener un orden. No creía que el uso constante del poder fuese necesario o eficaz. A la larga era demasiado costoso y provocaba frecuentes resistencias. Para él, lo mejor era consolidar un sistema cultural (o sea, un conjunto de reglas y valores comunes) que potenciara la cooperación entre los individuos de una sociedad. Por eso el sistema cultural es el que prevalece por sobre la economía o la política. El rol fundamental lo tienen los valores y las ideas.

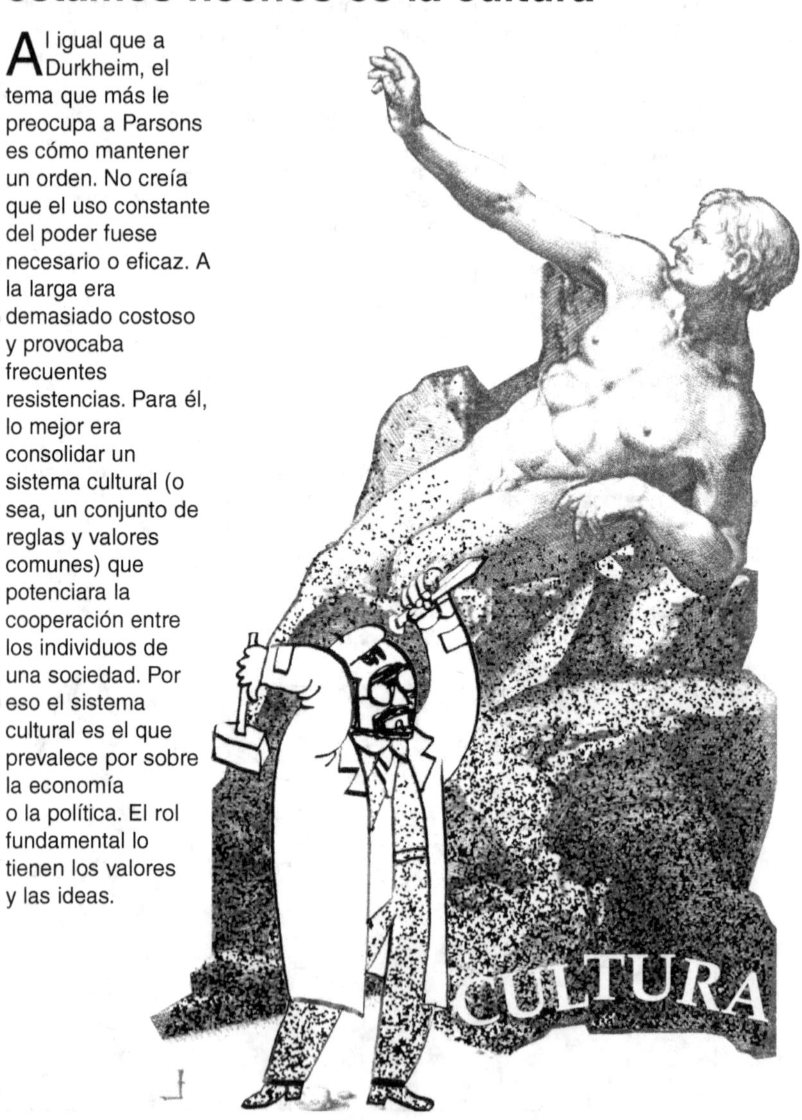

El funcionalismo hunde sus raíces en la tradición positivista: Comte, Spencer y Durkheim, y recupera sus metáforas organicistas: la sociedad, de nuevo, es un cuerpo, un todo con partes relacionadas que deben funcionar cooperativamente. Como sus antecesores, define a la sociedad como no reductible a la sumatoria de individuos. Para analizar un organismo como el corazón debemos ver en qué forma se relaciona con otras partes del cuerpo. Al bombear sangre a todo el cuerpo, el corazón realiza un papel vital para el mantenimiento de la vida de éste. De modo similar, para analizar cualquier parte (por ej., los empresarios) o institución (la familia) de una sociedad, debemos mostrar qué papel cumple en el funcionamiento general de la sociedad.

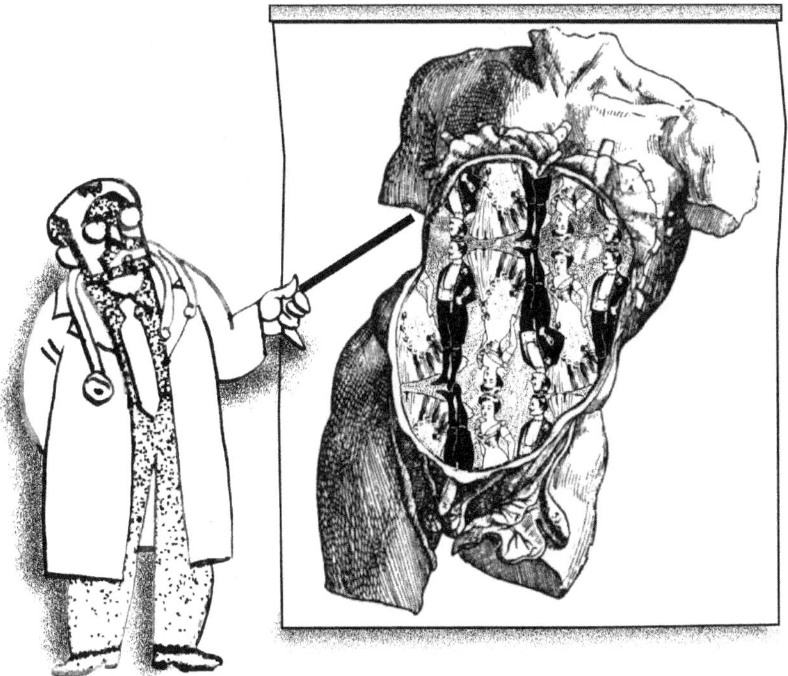

Para el funcionalismo, la sociedad es una red de grupos que funcionan y cooperan en forma ordenada. Esto es posible ya que, como vimos, la mayoría de los individuos comparten los mismos valores, pautas de conducta y reglas. Cada una de las partes que compone el cuerpo de la sociedad debe hacer bien su función. Si la sociedad es sana, no habría conflictos, ya que este tipo de sociedades tienden hacia un equilibrio estable y armónico. El orden, entonces, es natural. En este orden el papel de la voluntad del individuo es menor: lo que haga (o deje de hacer) lo hará de acuerdo con su formación cultural.

Si el individuo no cumple con estas normas culturales, habrá que sancionarlo, ya que padece una patología.

A veces irrumpe un cambio social que puede producir un desequilibrio. Sin embargo, la sociedad tiene la capacidad de absorberlo.

Síntesis del funcionalismo:
1. Los sistemas están compuestos por partes interdependientes.
2. Cada una de las partes influye en las otras.
3. Todo sistema tiende al orden.
4. Todo sistema tiende a automantenerse.

El cientificismo

La sociología estadounidense se basaba en una división tajante entre teoría y práctica. Mientras Parsons y sus seguidores dominaban en la primera, la práctica de la investigación era confiada a los "metodólogos" que elaboraban los procedimientos, etapas y métodos que debía tener una investigación sociológica que quisiera denominarse científica. La dupla de profesores enfrascados en complicadas teorías e investigadores, concretos y precisos, prevalece hasta hoy en la vida sociológica estadounidense.

Paul Felix Lazarsfeld, un exiliado austríaco, fue el mayor impulsor de estos métodos, en particular de las hoy muy famosas encuestas de opinión y el trabajo con estadísticas.

Auge de la sociología

Entre los años 50 y 70 la sociología alcanzó su máximo esplendor: creció el número de estudiantes, profesores y facultades; se difundió en sitios tan distantes como América Latina, Escandinavia o el Japón; fluía el dinero para los más diversos tipos de investigaciones; se escribían literalmente miles de libros y artículos en la materia; se crearon muchas revistas especializadas; las grandes empresas pedían a los sociólogos consejos en áreas tan diversas como recursos humanos, publicidad o marketing; también trabajaban como asesores y planificadores en la administración pública; la sociología gozaba de un creciente prestigio académico y social. Reinaba la euforia: se soñaba con una ciencia que pudiera controlar el cambio social.

La decadencia del funcionalismo y las nuevas escuelas: los 60

El año 1968 –como condensación de los años 60– marcó un hito en la vida de las sociedades no sólo occidentales. Se acabaron los tranquilos años de adaptación, integración y domesticación. Terribles olas de movilización hicieron tambalear a varias de las democracias occidentales más viejas. Una nueva generación desafió las creencias y la retórica del pasado. Las movilizaciones contra la segregación racial, el descubrimiento de las poblaciones pobres y fuera de los beneficios de la sociedad de consumo ("la otra América"), las protestas contra la guerra de Vietnam, la entrada en la escena social y política de una generación que rechazaba el hasta entonces indiscutido "american way of life"... tales son, entre otros, los aspectos más notorios del contexto en que el funcionalismo fue cuestionado. Los vientos de cambio que recorrían desde los guetos negros hasta las universidades de élite hicieron tambalear las creencia de "estabilidad del sistema", su tendencia permanente al equilibrio, la integración de las masas al consenso...

La sociología no
podía estar exen-
ta de esta crisis:
irrumpieron nuevas
teorías sociológicas
que desafiaban
violentamente al fun-
cionalismo y las téc-
nicas de investiga-
ción dominantes. Era
el fin del reinado fun-
cionalista. Entre
otras cosas, los años
60 se llevaron las
pretensiones de una
sociología única.

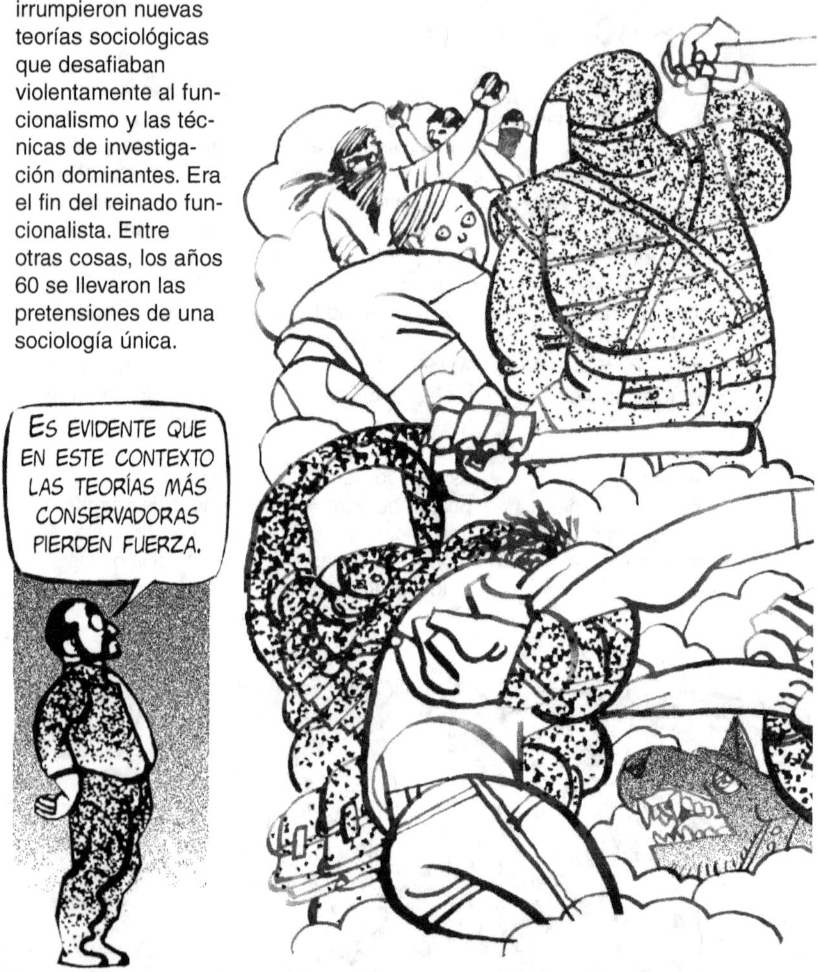

En cada uno de los grandes movimientos de contestación, en toda
manifestación, participó gran cantidad de estudiantes de
sociología; incluso muchos de ellos, como Daniel Cohn-Bendit,
portavoz del Mayo Francés, se convirtieron en sus líderes.

Disparen contra el funcionalismo

Las teorías cuestionadoras del funcionalismo pueden dividirse en dos grandes tendencias: los individualistas y la sociología radical.

• Los individualistas, apoyándose en Weber y en la Escuela de Chicago, valoran la capacidad y autonomía de los individuos para decidir sus vidas, frente al rígido y conservador esquema de Parsons que los subsume como reflejos de un sistema cultural que les impide actuar.

• Los radicales recuperan el legado de Marx para cuestionar el carácter armonioso de las sociedades capitalistas y ponen en un primer plano los antagonismos sociales.

Los individualistas critican a Parsons. No están de acuerdo en que los individuos son idiotas culturales que no pueden actuar y juzgar con sus propias capacidades, hiperconformistas con las normas sociales. Para ellos, el funcionalismo no explica nada.

Teoría	Funcionalismo	Sociología radical
La sociedad	Son grupos que cooperan en armonía. Hay estabilidad.	Está compuesta por clases sociales en lucha permanente. Hay cambio social.
Papel del Estado	Refuerza las normas que expresan los valores sociales compartidos.	Refuerza las normas que, en última instancia, favorecen a las clases capitalistas.
Orden social	Es producido inconscientemente por todos.	Los hombres lo usan para organizar sus vidas en forma productiva.
Valores	Hay un consenso de valores que une a la sociedad.	Hay una permanente disputa en torno a los valores.
Desigualdad	Es inevitable, ya que cada grupo contribuye de manera distinta a la sociedad.	Es un producto de la historia (y, por lo tanto, es superable).

Charles Wright Mills

Uno de los primeros críticos radicales y probablemente el más influyente fue **Charles Wright Mills**. En *La imaginación sociológica*, una de las obras más leídas de los años 60, Wright Mills analiza minuciosamente el funcionalismo, al que con ironía bautiza "la Gran Teoría", y las técnicas de investigación basadas en encuestas, a las que llama el "empirismo abstracto". Sobre la Gran Teoría se pregunta: *"El sistema social* (el libro más importante de Parsons): *¿es pura palabrería o es también profundo?".* Y se contesta: *"Sólo en el 50% es palabrería; el 40% es sociología de la más conocida, de manual.*

El otro 10%, como podría decir Parsons, me inclino a dejarlo abierto a vuestras propias conclusiones empíricas. Mis propias investigaciones indican que ese 10% restante es de uso ideológico posible, aunque más bien vago. En este sentido, la gran teoría tiende a legitimar fuertemente las formas permanentes de dominio, aunque su falta de inteligibilidad limita el favor público de que pudiera gozar. Esto puede, desde luego, convertirse en una partida positiva: su oscuridad le da un enorme potencial ideológico". Su conclusión: *"Estas escuelas (la Gran Teoría y el empirismo abstracto) representan abdicaciones de la ciencia social clásica. El vehículo de esta abdicación es la pretenciosa superelaboración de 'métodos' y 'teorías', y la razón es la falta de conexión firme con problemas sustantivos. Si no existiera más que esas dos escuelas, nuestra situación sería verdaderamente mala. Como prácticas, podemos ver en ellas medios que garantizan que no aprenderemos mucho del hombre y la sociedad, la primera por su oscurantismo formal y nebuloso, y la segunda por su inventiva formal y vacía".*

Mills (1916-1962) vivió su vida a mil por hora: andaba siempre de prisa, quienes lo conocieron aseguraron que pensaba las veinticuatro horas en sociología, participaba en política, tenía tres esposas, numerosas aventuras y cuatro infartos. Enérgico y carismático, murió a los cuarenta y seis años dejando una obra de enorme influencia en los 60-70. Para las nuevas camadas de estudiantes representa, como ningún otro, el símbolo del movimiento de contestación al establishment político e intelectual.

Contra el empirismo abstracto

Contra las élites

Mills también produjo investigaciones originales. En *La élite del poder* analizó cómo el poder del hombre común está constreñido, limitado mucho más de lo que él cree, en asuntos tan triviales como son las cuestiones de familia o de vecindario por fuerzas que él no conduce y a veces ni siquiera conoce.

Estas fuerzas son las élites del poder: la económica, formada por los propietarios y directivos de las grandes corporaciones; la política, compuesta por funcionarios, y la alta burocracia de carrera, y la militar, integrada por los altos mandos. Estas tres élites, profundamente entrelazadas por lazos familiares, sociales o económicos, controlan, dice Mills, la vida de Estados Unidos y son una amenaza para la democracia. Para él, las tesis funcionalistas que destacaban el carácter pluralista de las instituciones políticas de su país tenían como objeto oscurecer la realidad de la existencia de estas élites, creando la noción mítica del "interés común".

Para Mills, la sociología debía zambullirse en el remolino de su contexto histórico; usar los más refinados instrumentos de análisis empírico; utilizar su imaginación sociológica para desentrañar el poder y el privilegio; elegir alternativas históricas.

Acechos sobre la sociología

*E*n todo sistema social hay dos tendencias inevitables a cercenar la autonomía de los sociólogos. La primera, transformándolo en un ideólogo del statu quo y en un apólogo de su política. La segunda, transformándolo en un técnico que actúa instrumentalmente en pro de los intereses del "mercado"; son los tecnólogos liberales, agentes de una nueva sociología empresarial e investigadores de mercado. En definitiva, la sociología se había convertido en mera técnica de acierto del humor de la gente, análisis de mercado, apología de lo existente, auxiliar de la toma de decisiones de los poderosos de turno y de acumulación de datos sin rigor."

—Ferraroti

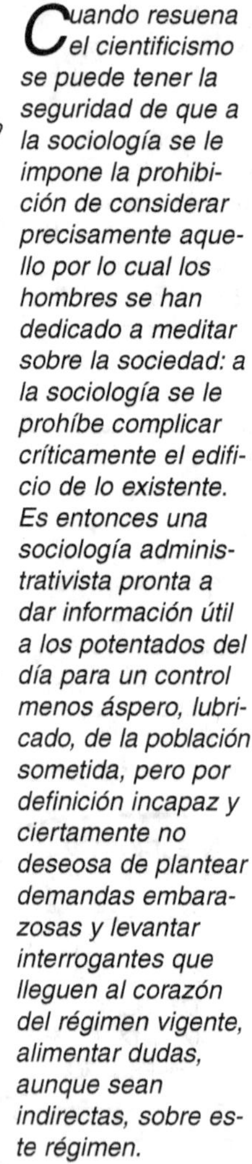

*C*uando resuena el cientificismo se puede tener la seguridad de que a la sociología se le impone la prohibición de considerar precisamente aquello por lo cual los hombres se han dedicado a meditar sobre la sociedad: a la sociología se le prohíbe complicar críticamente el edificio de lo existente. Es entonces una sociología administrativista pronta a dar información útil a los potentados del día para un control menos áspero, lubricado, de la población sometida, pero por definición incapaz y ciertamente no deseosa de plantear demandas embarazosas y levantar interrogantes que lleguen al corazón del régimen vigente, alimentar dudas, aunque sean indirectas, sobre este régimen.

—Ferraroti

Alvin Gouldner

Alvin Gouldner (1920-1980) es conocido sobre todo por su formidable obra *La crisis de la sociología occidental*, donde acomete la difícil tarea de hacer un análisis sociológico de la sociología. La propuesta de Gouldner es favorable a superar al funcionalismo –de hecho, contiene un furibundo ataque a Parsons–, si bien las teorías alternativas no lo satisfacen. El punto central de su aserción es que la sociología es un animal dividido, contradictorio, pues es en parte liberadora y en parte represiva.

> *"Los teóricos sociales trabajan dentro de una matriz social que se derrumba, con centros urbanos que se caen y universidades arrasadas. Algunos podrán taparse los oídos con algodón, pero eso no impedirá que sus cuerpos sientan las ondas del impacto. No es exagerado afirmar que hoy teorizamos entre el estruendo de las armas de fuego. El viejo orden tiene clavadas en su piel las picas de cien rebeliones".*
>
> -ALVIN GOULDNER

Una sociología radical y reflexiva

Su objetivo consiste en elaborar una teoría sociológica que sea, a la vez, radical y reflexiva. Esto quiere decir que no debe ser sólo negadora; debe ocuparse de la formulación positiva de nuevas sociedades, de utopías, en las cuales los hombres puedan vivir mejor, tanto como se ocupa de criticar el presente. Esto no significa que aporte meramente una crítica de los males de la televisión o de la cultura de masas, ni siquiera de las políticas del gobierno. Debe procurar averiguar cómo son elaboradas esas políticas por la estructura establecida del poder y por las élites y clases dominantes.

Marcuse

Herbert Marcuse (1898-1979) siempre se consideró un marxista. Sin embargo, para muchos, más bien se lo podría ver como un socialista utópico, anterior a Marx. Para otros, es antes que nada un freudiano, aunque un discípulo rebelde del maestro. Como el padre del psicoanálisis, piensa que la civilización se construye reprimiendo los instintos naturales del hombre. Pero Marcuse se opone a él: cree posible una sociedad no represiva. Sería una nueva etapa de la civilización.

Para Freud, la historia de la humanidad es la de la represión de sus instintos. Cuando el hombre, en un giro dramático y decisivo, decidió desplazar el principio del placer por el de la eficiencia, comenzó la historia de la civilización. La libre manifestación de los instintos y su inmediata satisfacción fueron remplazados por el trabajo, la postergación de las satisfacciones, la búsqueda de una seguridad. Con el principio de eficiencia, el cuerpo y la mente se volvieron instrumentos de trabajo. La civilización se extendió sobre el mundo, sometiéndolo. Para Freud, las comodidades, el bienestar material, la seguridad le costaron al hombre su libertad. Pero la liberación de esta represión hace tambalear a toda la civilización. Es el fin de la cultura.

Marxismo + freudismo

Como otros disidentes freudianos (los freudomarxistas), Wilheim Reich y Erich Fromm, Marcuse propuso que el psicoanálisis fuese una nueva fuente de crítica de los efectos de esta sociedad sobre el individuo y no simplemente un método para obtener la adaptación de éstos a aquélla.

Alemán nacionalizado estadounidense, estudió con los filósofos Husserl y Heidegger, fundadores de la fenomenología y el existencialismo, respectivamente. Joven miembro de la Escuela de Frankfurt, sus preocupaciones lo acompañaron de por vida, aunque él se aparta progresivamente de ellas. Exiliado en los Estados Unidos, para combatir al fascismo durante la Segunda Guerra Mundial, ocupó importantes cargos en el Departamento de Estado de ese país. Luego fue profesor en las universidades de Columbia (Nueva York) y de California. En los años 80, con el auge del posmodernismo y la declinación de los ideales de transformación, su obra cayó en el olvido.

Desconocida durante mucho tiempo, la obra de Herbert Marcuse saltó a la fama pública a partir de las rebeliones estudiantiles que tanto en Estados Unidos como en toda Europa, desde Berlín a Roma, se inspiraron –y justificaron– en sus tesis y análisis.

El hombre unidimensional

El rasgo más destacado de las sociedades industriales avanzadas es la reconciliación de los contrarios, que consiste en haberle amputado a la clase obrera su potencial revolucionario. El proletariado ha perdido su fuerza impugnadora y se ha volcado a la mera obtención de algunos beneficios materiales mediante mecanismos legales y pacíficos. Las fuerzas negadoras son reabsorbidas por el universo de la sociedad de consumo. Sin embargo, no porque la mayoría sea conservadora, apática y se adapte a una vida unidimensional ésta deja de ser perniciosa.

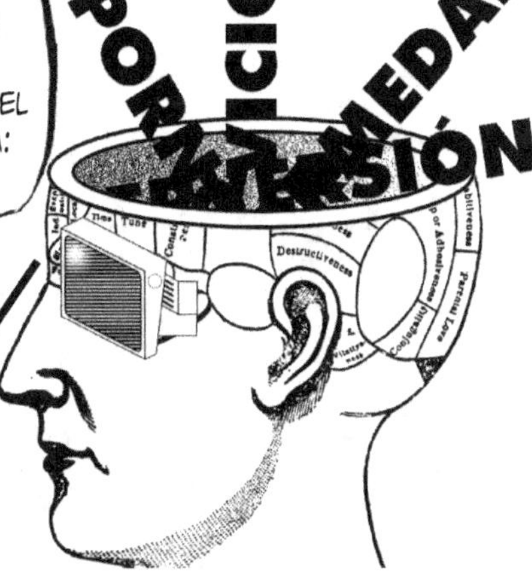

Un hombre unidimensional es aquel que ha dejado de utilizar la razón como impugnadora permanente de lo real, que ya no se preocupa por la esencia de la vida.

La alternativa

La única impugnación verdaderamente radical ha de venir de quienes viven, obligados o por propia voluntad, al margen de la sociedad. Para Marcuse, este era el caso tanto de los "parias y de los extraños, de los perseguidos de otras razas y colores, los desempleados y los inempleables". Por ejemplo, los negros estadounidenses a quienes la sociedad norteamericana excluía sistemáticamente, los estudiantes rebeldes y los intelectuales críticos que se negaban a incorporarse a una sociedad consumista "precisamente porque le conceden al pensamiento su función trascendente". También los pueblos subdesarrollados tienen un potencial subversivo... siempre y cuando no sean reabsorbidos por una civilización industrial en la que se empeñan en incorporarse.

La alternativa es una democracia horizontal, construida por personas que dialogan, que mantienen y expresan sus diferencias, sus estilos de vida específicos, escapando a la uniformización y el consumismo.

La impugnación debe ser violenta; además está condenada a seguir siendo solitaria. Es una protesta vigorosa y desesperada; una rebelión sincera pero no una revolución. Marcuse ve probable su fracaso; pero, como señala en *El hombre unidimensional*, sólo de la más profunda desesperación puede surgir la esperanza más descabellada. Otro pensador de Frankfurt señaló: "Sólo de quienes no tienen esperanzas podemos tener esperanzas".

Goffman

Para el canadiense **Erving Goffman** (1922-1982) el teatro es un modelo que nos permite entender la vida social. Toda su obra se basa en metáforas referentes al teatro. Los hombres son como actores que se esfuerzan permanentemente a lo largo de toda su vida social para transmitir una imagen convincente de sí mismos frente a los diversos auditorios a los que se enfrentan (la familia, los amigos, la escuela, la oficina, etc.). No importa lo que uno sea realmente, sino lo que logra parecer.

Saber moverse hábilmente entre los decorados y la utilería, tener un buen vestuario, poder diferenciarse son indispensables para obtener éxitos sociales. El que no sabe actuar constituye una amenaza para el elenco y es prontamente apartado.

La vida: un teatro perpetuo.

Podemos actuar de buenos estudiantes con nuestros profesores, de amante romántico con nuestra pareja, de hijo obediente con nuestros padres o de empleado eficiente para impresionar al jefe. Lo que no podemos ser es simplemente hombres. Estamos constreñidos a actuar la tragedia o comedia de nuestra vida a tiempo completo.

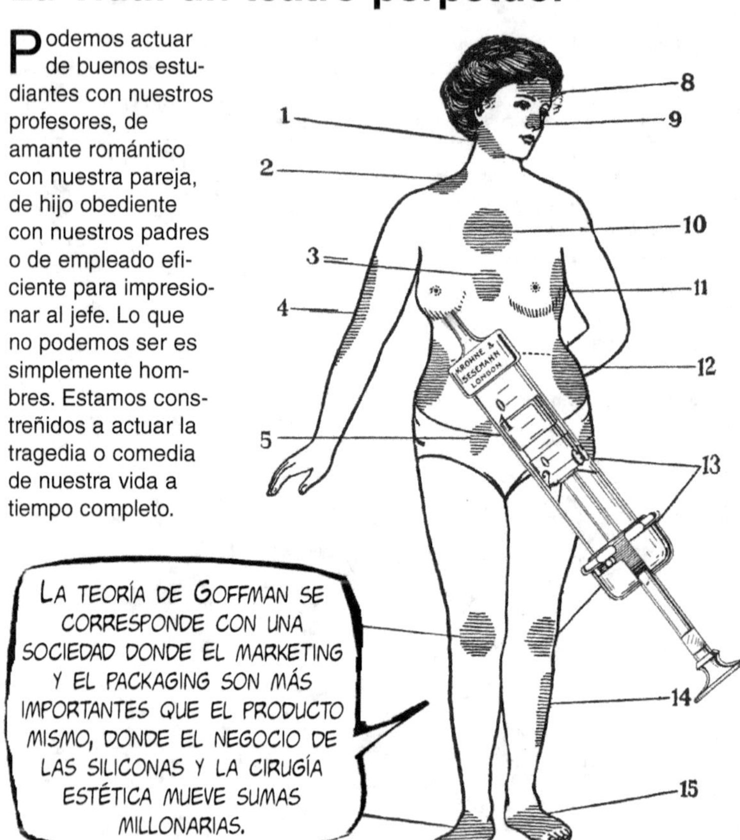

"En su condición de actuantes, los individuos se preocupan por mantener la impresión de que cumplen las muchas reglas que se les puede aplicar para juzgarlos, pero a un individuo, como actuante, no le preocupa el problema moral de cumplir esas reglas. sino el problema amoral de fabricar una impresión convincente de que las está cumpliendo. Nuestra actividad se basa en gran medida en la moral pero, en realidad, como actuantes, no tenemos interés moral en ella. Como actuantes, somos mercaderes de moralidad".

—GOFFMAN

Garfinkel:
la sociología como happening

Al igual que Talcott Parsons, de quien fue alumno, a **Harold Garfinkel** (1917-2011) le interesaba resolver cómo se logra cohesionar a una sociedad, cómo se logra un orden. Pero las respuestas que da son diametralmente distintas. Para Parsons, el cemento de la sociedad era una cultura sólida, de características casi sagradas. Garfinkel, por el contrario, encontraba que el cemento de la sociedad es frágil. Los hombres guían sus comportamientos cotidianos en entendimientos tácitos (lo que yo sé que los otros saben). Estas pequeñas convenciones o creencias de sentido común son lo que mantiene unida a la sociedad.

Ocho cabezas, de Escher

Locos experimentos de Garfinkel

Para demostrar que estas convenciones existen y que son el cemento de la sociedad, Garfinkel y sus discípulos, los etnometodólogos, hicieron una gran cantidad de experimentos prácticos. En general, consistían en violar una de estas convenciones o rutinas que todos consideramos normales. Aceptamos que para preguntar algo en la calle es conveniente no acercarse demasiado, entonces los etnometodólogos se acercaban. También experimentaban con el lenguaje.

> *"La demostración etnometodológica es una rebelión no violenta frente al statu quo. Es una rebelión sustitutiva y simbólica contra una estructura global que la juventud no puede, y a menudo no desea, modificar. Es la sustitución de la imposible revolución por la rebelión posible".*
>
> —ALVIN GOULDNER

El resultado de estos experimentos da siempre un rango limitado de respuestas: la víctima manifiesta desconcierto, fastidio, temor, nervios o incluso odio. La gente no soporta que se agreda la realidad social y que se interrumpa la "vida normal".

George Homans: la sociedad como mercado

Para **Homans**, todas las conductas de los individuos se basan en el intercambio de utilidades. En este sentido, el hombre de su *teoría del intercambio* es muy parecido al de la economía clásica de Adam Smith y sus seguidores. Para ambas, el hombre es intrínsecamente hedonista y sus comportamientos se rigen exclusivamente por el interés propio.

Las reglas básicas de la sociedad pueden resumirse en:
1. Los hombres actúan buscando utilidades y evitando costos.
2. Una buena utilidad obtenida en el pasado aumenta la posibilidad de que la persona repita en el futuro esa conducta.
3. La interacción humana se basa en este intercambio de utilidades; sin él no hay sociedad.

La sociedad como realidad objetiva y subjetiva

En 1966 **Peter Berger** y **Thomas Luckmann**, profesores en Estados Unidos y Alemania respectivamente, publicaron *La construcción social de la realidad*, donde intentaron analizar cómo se construye el conocimiento de sentido común que los individuos usan en la vida diaria (temática muy similar a la planteada por Garfinkel).

Parten de una relación dialéctica entre individuo y sociedad, y establecen que el mundo social puede caracterizarse por la interacción de tres momentos, que reciben el nombre de **externalización** (la sociedad es producida por hombres), **objetivación** (la sociedad es una realidad objetiva, independiente de los hombres) e **internalización** (el hombre es un producto de la sociedad).

Las nuevas sociologías en Francia

Mientras en los Estados Unidos se producía el cuestionamiento del funcionalismo, en Francia la teoría social se preparaba para recuperar el sitial de privilegio que no había logrado recuperar desde los tiempos de Émile Durkheim. Desde los años 50 los sociólogos franceses se resistían al extremo empirismo de las técnicas de investigación estadounidenses y a las teorías funcionalistas.

En los 60, la producción sociológica francesa avanzó notablemente: publicaron sus primeros trabajos clave los tres autores más importantes de la actual teoría social francesa: **Pierre Bourdieu**, **Alain Touraine** y **Raymond Boudon**.

La sociología francesa es un diálogo permanente con el fantasma de Durkheim. Se la puede pensar como un debate permanente entre quienes anteponen la primacía del sujeto y los que, en cambio, enfatizan el peso de las estructuras.

Bourdieu

Como la mayoría de los grandes sociólogos, **Pierre Bourdieu** es irreverente con las fronteras disciplinarias rígidas. Su obra abarca desde la lingüística a la historia, pasando por la sociología y la antropología. Sus investigaciones son asombrosamente amplias: el arte, el impacto del desempleo en la vida de las personas, el sistema de enseñanza, la literatura, la formación de los altos funcionarios de Estado, las clases sociales, la sociología del deporte, la lógica de la televisión o de la vida académica francesa. Sin embargo, todos estos temas, aparentemente inconexos, están intrínsecamente relacionados por la trama de ideas y categorías que ha elaborado.

Nació en 1930, en una zona rural del sur de Francia. Estudió filosofía en la Escuela Normal Superior, pero se inició profesionalmente como etnólogo, realizando estudios empíricos en el norte africano. Hoy es Director de la Escuela de Altos Estudios en Ciencias Sociales.

Bourdieu ha tratado permanentemente de superar las dicotomías que moldearon la sociología. No cree que haya que elegir entre la estructura y el sujeto, ni entre hacer teoría o hacer investigación, como sucede en las universidades estadounidenses.

Una sociedad de campos

Para Bourdieu la sociedad no tiene ni una lógica, ni un conflicto central, ni una autoridad global que la unifique. Lo que hay son diferentes campos que funcionan con sus propias reglas: el campo científico, el político, el artístico, el religioso, entre otros. Cada uno de éstos es el punto de partida de sus investigaciones. Dentro de cada campo se producen luchas permanentes entre los agentes (sujetos individuales o colectivos) que buscan cambiarlo y los que, por el contrario, desean conservarlo intacto, entre quienes ocupan las posiciones subordinadas y las privilegiadas.

Los dominados de cualquier campo, por definición, están en condiciones de ejercer fuerza, de resistir, y tratarán de hacerlo de acuerdo con las estrategias que consideren más adecuadas.

La lucha de campos

Cada uno de los agentes distribuidos en el campo, a su vez, está dotado de una cantidad de capital distinta de la del otro. Pero la noción de capital no debe entenderse sólo en su sentido económico. Hay tres tipos básicos de capital: el clásico (económico), el social y el cultural. La distribución de cada uno de éstos está dada, en primer lugar, por la familia y la clase social a la cual uno pertenece. Pero, a su vez, el capital inicial puede ser acrecentado mediante inversiones (en tiempo o dinero). Los diferentes tipos de capital están evidentemente relacionados (a mayor capital económico, mayores posibilidades de invertir en educación y cultura, etc.). Sin embargo, esta conversión no siempre es posible. Los individuos tratarán de poner en juego su capital para mejorar sus posiciones.

El capital cultural se adquiere básicamente mediante la familia y las instituciones escolares. Es un amplio abanico de conocimientos y habilidades.

El capital social supone prestigio, contactos, relaciones…

Así definido, cada campo es un complejo sistema de relaciones de fuerzas, en donde los agentes de acuerdo con su dotación de capital buscan reproducirlo o subvertirlo. Por eso los campos son históricos, se forman, cambian y se articulan entre sí de diversas formas. Hay una jerarquía no solo dentro de cada campo, sino también entre ellos.

¿Qué estudia el sociólogo?

El sociólogo debe esforzarse por estudiar estas relaciones entre campos y en el interior de ellos. Por supuesto que es más fácil analizar cosas concretas y no estas relaciones.

Pero la esencia de lo social se encuentra en estas cosas intangibles y relacionables como el poder. Se puede saber todo sobre este diario pero, en verdad, no se sabe nada si no se lo ve con relación a otros. ¿Cuál es el más prestigioso? ¿Y el más influyente? ¿Cuánto vende cada uno? ¿Quiénes son sus lectores? ¿Cómo se relaciona con los otros medios de comunicación?

En *Las reglas del arte*, Bordieu analiza cómo en el siglo X el arte dependía de las instituciones religiosas, luego de los mecenas. Recién en el siglo XIX se formó un campo artístico autónomo en el cual los artistas y demás personajes del campo artístico (marchands, críticos, etc.) fijaban las reglas.

El dilema clásico

Bourdieu da una buena salida intermedia al dilema de las estructuras y el sujeto: no hay estructuras sociales inmodificables, pero sí distribución desigual de capitales que determina jerarquías a las que los agentes deberán desafiar para producir cambios. No se necesita simplemente una voluntad de cambio. Los individuos han incorporado, sin saberlo, las estructuras mediante lo que Bourdieu define como **habitus**.

Estos **habitus** funcionan como verdaderos esquemas mentales y corporales que han incorporado a nuestro interior las estructuras sociales de dominación. Si bien estas estructuras son modificables, el habitus les da una enorme perdurabilidad. Cambiarla es pelear no sólo contra una estructura externa, sino también contra el habitus.

El sociólogo
como intelectual crítico

El sociólogo debe ser un especialista en su dominio, pero esta función específica lo impulsa a denunciar situaciones de dominación. No suplanta a los interesados pero les da argumentos. La tarea del sociólogo consiste en buena medida en desfatalizar (lo que se cree que es inamovible) y desnaturalizar (lo que se cree que es natural) el mundo social. En otras palabras, en destruir los mitos que los poderes construyen para perpetuar su dominación.

El regreso del intelectual crítico/comprometido

Francia ha tenido una larga tradición de intelectuales críticos: Émile Zola, Albert Camus, Jean-Paul Sartre, Michel Foucault, entre otros. Intelectuales que desde una inserción reconocida en algún campo específico (literario, filosófico, etc.) proyectan su voz cuestionadora al resto de la sociedad. En los años 90, cuando esta tradición parecía haber entrado en un cono de sombras, Pierre Bourdieu salió a rescatarla y continuarla. Multiplicó sus intervenciones públicas, fundó colecciones de divulgación militante, participó en actos sindicales, defendió las grandes huelgas de 1995, se encolumnó detrás de los inmigrantes rechazados y devino uno de los más feroces impugnadores del neoliberalismo.

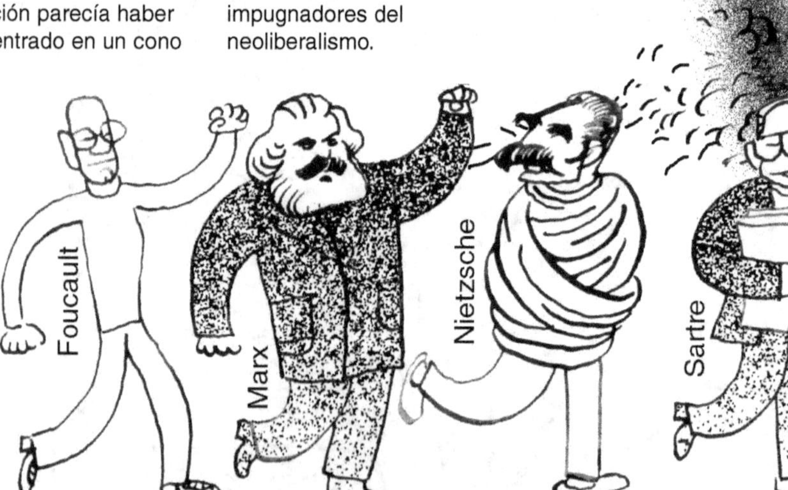

Una de sus últimas propuestas fue la creación de una Internacional de intelectuales críticos contra la otra Internacional, la neoliberal, que tiene su centro en los Estados Unidos.

La actual es una época de restauración neoconservadora en que sólo rigen las leyes del mercado y del más fuerte. Necesitamos intelectuales críticos que sean un auténtico contrapoder. Por eso considero que el trabajo de demolición del intelectual crítico muerto o vivo —Marx, Nietzsche, Sartre y Foucault y unos cuantos más etiquetados en bloque como "pensamiento 68"— es parte de la empresa global restauradora y es tan peligrosa como los ataques a la "cosa pública".
Bourdieu
¿Por qué se ha pasado del intelectual comprometido al intelectual desentendido? En parte, porque los intelectuales son depositarios del capital cultural y, aunque sean dominados por los dominados, son parte de éstos; son la fracción dominada de la clase dominante. He aquí una de las razones de su ambivalencia y su tibio compromiso en las luchas. Cuando se rebelan, como en Alemania en 1933, es porque consideran que no se les da todo lo que merecen dadas sus competencias, garantizadas por sus títulos.
Bourdieu

117

Bourdieu contra la globalización neoconservadora y sus instrumentos

*Hicieron falta varios siglos, como demostré en mi libro **Las reglas del arte**, para que los artistas, escritores y científicos conquistaran su autonomía respecto de los poderes –político, religioso y económico– y pudieran imponer sus propios valores y normas, sus valores específicos en especial, en su propio universo (su microcosmos artístico o científico) y, a veces, incluso en el mundo social. Estas conquistas de la libertad, o sea, las reglas específicas de cada disciplina, están hoy amenazadas en todas partes, y no solamente por dictadores, coroneles y mafias; las amenazan fuerzas más insidiosas: las del mercado reencarnadas en figuras adecuadas: el economista armado de formalismos matemáticos que describe la "economía globalizada"; la estrella internacional de pop que difunde un estilo de vida fácil y elegante; para los profesores un "radicalismo de universidad" bautizado como posmoderno…"*

—Bourdieu

En *Sobre la televisión* (1998) alerta sobre el enorme peligro que supone para el funcionamiento de una sociedad democrática la lógica de funcionamiento de un campo televisivo que poco a poco coloniza al resto del campo periodístico.

El homo sociologicus de Boudon

Rechazando el rico legado de la tradición durkheimniana, **Raymond Boudon** opta por una teoría de clara inspiración weberiana, muy cercana, también, a la de Homans. El objetivo de su sociología es el **homo sociologicus**: un individuo que debe tomar decisiones en contextos no transparentes. Por eso cualquier proceso social –por ej. una huelga– debe estudiarse como el resultado de una complicada y larga cadena de seres humanos que han tomado decisiones. Cada decisión implica un costo y un beneficio. Por eso, cada acción colectiva (aquella que incluye muchos individuos) sólo es posible si miles de personas han decidido que la sumatoria de beneficios es mayor que la de los costos.

La idea clave de esta corriente es una frase de Weber: "La sociología no puede proceder sino de la acción de un individuo o de varios individuos separados. Por ello está obligada a adoptar metodologías estrictamente individualistas".

Curiosamente, el manifiesto de esta corriente es un diccionario: el *Diccionario Crítico de Sociología,* de Boudon y Bourricaud.

Alain Touraine

Para **Touraine** las sociologías dominantes tanto en los Estados Unidos (funcionalismo) como en Francia (Durkheim) estuvieron centradas en principios "metasociales", o sea, grandes categorías que, a partir de un eje compuesto de valores universales que ordenan y dan coherencia, intentan explicar toda la sociedad. Son sociologías que caen en el sistemismo: hay un sistema donde todas las alternativas están trazadas de antemano.

Es un autor muy influido por el Mayo Francés del 68.

Del *Laocoonte*, según El Greco

"La propia realidad demuestra que el actor se enfrentó al sistema y que la universalidad de valores no es más que un mito".
—TOURAINE

En la práctica cotidiana hay un conflicto permanente entre lo institucionalizado y lo contrainstitucional, entre el orden y el cambio. Toda relación social es movimiento. Por eso, el escenario de lo social está atravesado por conflictos en forma permanente.

Los nuevos movimientos sociales

En las sociedades complejas no hay una sola voz que protesta. Hay movimientos sociales que se organizan alrededor de un eje de conflicto específico: la defensa del medio ambiente, la situación de las mujeres, la lucha contra el sida o la brutalidad policial. En este sentido, rompe con muchas de las concepciones tradicionales porque ya no son ni los partidos ni los sindicatos los actores centrales de la movilización social.

La importancia de los movimientos sociales es que representan mensajes simbólicos alrededor de los cuales se construyen las identidades colectivas de sus seguidores y producen antagonismos que denuncian las razones del poder que se escudan en la neutralidad de sus decisiones políticas.

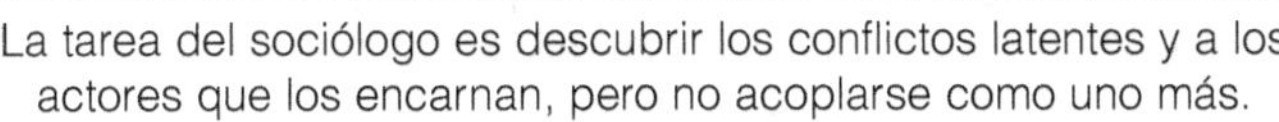

La tarea del sociólogo es descubrir los conflictos latentes y a los actores que los encarnan, pero no acoplarse como uno más.

Las nuevas sociologías alemanas

En el período posterior a la Segunda Guerra Mundial (1939-1945), la sociología alemana se caracterizó por la adopción mecánica y a menudo acrítica de las técnicas de investigación y las teorías de los Estados Unidos. Sin embargo, también en esos años regresaron al país la mayoría de los miembros de la Escuela de Frankfurt que comenzaron a formar nuevas camadas de sociólogos. La disciplina muy pronto se difundió y consolidó, junto a la francesa, como de las más importantes de Europa. En todo Occidente hubo una cierta moda por la sociología. A modo de ejemplo: en 1955, en Frankfurt, sólo treinta estudiantes tomaban cursos de Sociología; en 1963 ya eran 383, y en 1968, 620.

La Alemania de los años 50 era un campo de estudios único: convivían el pasado nazi, el despegue económico de la Alemania Federal, renovado ejemplo del capitalismo industrial, y la instauración de un Estado calco del soviético en la República Democrática Alemana.

Advertencias a los estudiantes de sociología

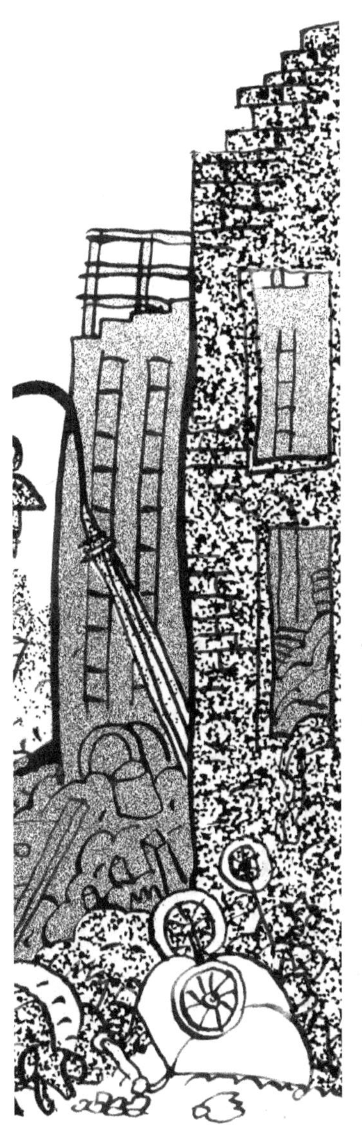

Las perspectivas profesionales para la sociología son malas. Sería una mentira pasar por alto este hecho. Las perspectivas no han mejorado, como se había previsto, sino que han empeorado. Por un lado, porque aumenta la cantidad de egresados, pero también porque disminuye la capacidad de absorción de egresados por la crisis económica. Incluso en los Estados Unidos, el paraíso de la sociología, donde ésta goza de igualdad con las demás ciencias, no puede decirse que un sociólogo consiga trabajo sin esfuerzo. Tendría que ser muy encerrado en mi especialidad si dijera simplemente: "¡Maravilloso, estudien sociología!"

—ADORNO
LECCIÓN INAUGURAL DE INTRODUCCIÓN A LA SOCIOLOGÍA, 1968

Sería interesante estudiar por qué las ocupaciones que no deparan placer, en las que se esconde algo así como un sacrificio, que van contra la naturaleza de uno, que uno no quisiera, que uno rechaza, están en general mejor reconocidas por la sociedad que aquellas que asociamos a la condición humana. El hecho clave es que, cuando más comprendemos la sociedad, más difícil resulta serle útil. Cuanto más la comprendo menos me inserto. Es una contradicción no del sociólogo, sino de la sociedad. Hay una dicotomía entre lo práctico, funcional, y comprender a la sociedad con profundidad, viendo lo que está detrás. Ver esto es ser una especie de médium espiritual y esto nos aleja de las metas prácticas.

—ADORNO, 1968

123

Habermas

Algunos sociólogos consideran a **Jürgen Habermas** (1929) un continuador tardío de la teoría crítica; otros, en cambio, creen que son tantos los elementos y lecturas nuevas que incorpora, y tal la cantidad de correcciones que introduce, que ya está alejado definitivamente de ella. Se señala como principal elemento diferenciador su abandono del pesimismo radical. Lo cierto es que Habermas ha conservado un criterio básico de esta Escuela: la ciencia no puede ni debe ser neutral; al contrario, necesita orientar, señalar un **deber ser**.

A Habermas lo anima un interés doble: teórico y político.

Teoría de la acción comunicativa

El mayor esfuerzo habermasiano estuvo puesto en elaborar su **teoría de la acción comunicativa**. Esta acción, al igual que las de tipo instrumental (que buscan una utilidad) o estratégico (que buscan una utilidad cooperando o compitiendo con otros), se basa en la razón, pero a diferencia de ellas no está movida por la búsqueda de fines egoístas e individuales. Por el contrario, la acción comunicativa es dialógica (se basa en el diálogo) y busca el consenso con el otro, incorporando sus críticas y logrando su comprensión. La difusión de este tipo de acción es lo que puede asegurar una sociedad más libre.

Ya en el siglo XIX, Hegel había planteado la importancia de **"el reconocimiento del otro"**.

El modelo es el lenguaje

Para Habermas, en el lenguaje está la clave no sólo de las reglas gramaticales, sino de toda acción humana adulta. Este siempre necesita por lo menos dos personas.

También, Habermas se interesa por un tema casi durkheimniano. Según él, en las sociedades modernas el cambio es tan vertiginoso que amenaza constantemente el orden moral del que dependen. El crecimiento económico suele considerarse lo más importante, pero incluso lograrlo hace que la vida se vuelva algo vacío, sin sentido.

Ralph Dahrendorf

Este sociólogo bilingüe, alemán-inglés, es otro duro crítico de las teorías funcionalistas. Su originalidad consiste, sin embargo, en combinar la tradición liberal con muchos elementos del marxismo.

Para él, las sociedades son el escenario de disputas permanentes por el poder y la autoridad que sólo pueden terminar con la muerte. El conflicto puede ser permanente o latente, pero está siempre presente. Se pelea porque los recursos son escasos y siempre habrá quienes quieran redistribuirlos.

Desde esta perspectiva, una teoría basada en la armonía y la cooperación no puede no ser sino ridícula. Por otra parte, la ausencia de conflicto implica estancamiento y decadencia. El conflicto es el motor de la historia.

La nueva sociología inglesa

En Inglaterra la situación era muy distinta. Lejos de haber producido alguna obra sociológica clásica, o al menos de cierta importancia, la sociología casi no existía hacia fines de los años 50. No se la enseñaba en ninguna universidad. ¿Por qué?
A diferencia, también, de Alemania, Francia o aun Italia, tampoco había una tradición marxista importante. Algunos autores consideran que estas dos lagunas (marxismo y sociología) están estrechamente vinculadas, son dos caras de la misma moneda; ambas son intentos de pensar la sociedad como una totalidad. El marxismo sería, en esta versión, una teoría que se propone expresar los valores, intereses y puntos de vista de la clase obrera y la sociología, en cambio, la alternativa y contracara de una civilización burguesa que busca, en el plano teórico, contrarrestarla. "En Inglaterra, la falta de un socialismo insurgente impidió el momento de un Weber, Durkheim o Pareto", señala el historiador británico Perry Anderson. Otros autores atribuyen la carencia a la particularidad de la vida universitaria inglesa, hegemonizada por las universidades más tradicionales.

Esta situación, sin embargo, empezó a cambiar en los años 50 a partir de la incorporación de la sociología como carrera en la London School of Economics (LSE). Una vez desarrollada esta sociología académica, comenzó también a desarrollarse, por primera vez en su historia, una brillante intelectualidad marxista.

Giddens

La teoría sociológica, como hemos dicho, está cruzada por una tensión básica entre objetivistas y subjetivistas. Los primeros consideran que los procesos sociales están determinados por estructuras que rigen con independencia de la voluntad de los actores; los segundos, en cambio, ven en sus proyectos y motivaciones el motor del cambio (o la permanencia). **Anthony Giddens** se propuso desde un primer momento suprimir este dualismo. Su teoría de la estructuración social, que elaboró desde los 70 pero que sistematizó y completó en *La constitución de la sociedad* (1984), es uno de los esfuerzos más esmerados para superarlo.

La teoría de la estructuración es extremadamente ecléctica: Parsons, Marx, Durkheim, Weber... son algunas de sus fuentes de inspiración.

La obra sociológica de Giddens se caracteriza por su extremado teoricismo, muy difícil de utilizar para investigaciones empíricas.

Nació en 1938 en el seno de una familia de clase media baja del norte de Londres. Fue el primero en acceder a la universidad. Estudió sociología en la Universidad de Hull y en la London School of Economics, focos de la izquierda en los años 60. En 1976 fue admitido como profesor en Cambridge. Pero durante los quince años que estuvo allí fue nueve veces rechazado para una promoción; su extracción social habría sido una de las causas. Es autor de veintinueve libros y más de doscientos artículos publicados en más de veintinueve idiomas.

"Los hombres hacen su propia historia, pero no la hacen como ellos quieren, bajo circunstancias por ellos elegidas; sino bajo circunstancias que les son dadas y que les vienen del pasado". Esta frase de Marx sintetiza e inspira a la teoría de la estructuración.

La música del azar

Su teoría del azar, entendido como las consecuencias no deseadas de nuestras acciones, conserva un papel relevante. Junto al inconsciente, ampliamente estudiado por el psicoanálisis, las acciones no intencionales son un serio límite de las competencias racionales de los actores sociales.

Pensemos en un ladrón que entra de noche a robar en una casa. El dueño se despierta sobresaltado, tuvo una pesadilla y enciende la luz. El ladrón asustado huye velozmente. En la calle, al verlo correr desesperadamente, la policía lo detiene. Entra en prisión… Conclusión: un acto tan banal como apretar un interruptor puede desencadenar infinitos acontecimientos alejados en el tiempo y el espacio.

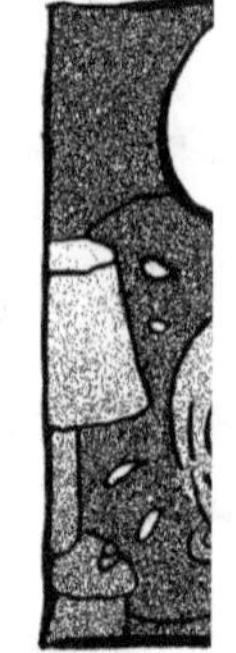
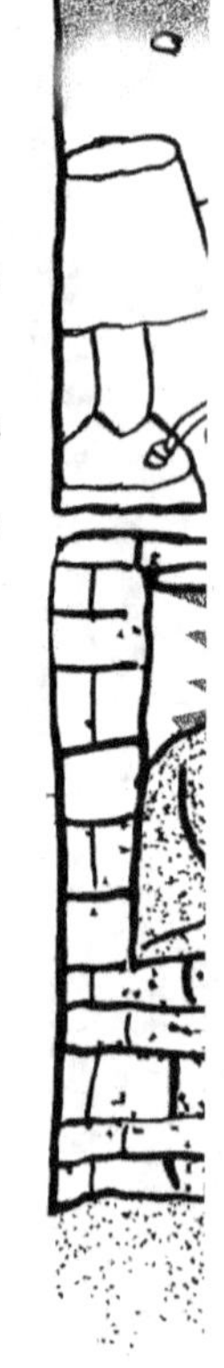

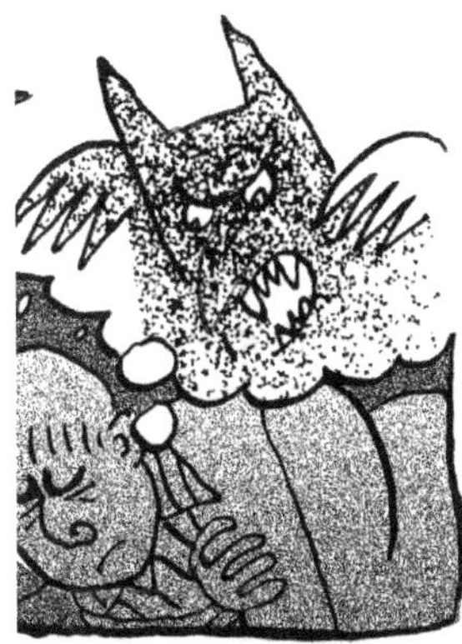

Vivimos atrapados en una permanente dialéctica de lo intencional y lo no intencional, en medio de complejas secuencias de actos que se nos escapan y llevan nuestras acciones mucho más lejos de lo que pretendemos.

Crítica del evolucionismo

Giddens concede gran importancia a la historia y a la dimension temporal de la acción social. Sin embargo, se muestra muy crítico con respecto al evolucionismo, esto es "la tendencia a asociar la temporalidad a una secuencia lineal y, por lo tanto, a concebir la historia como si estuviera animada por un movimiento cuya dirección fuera perceptible". Uno de los peligros del evolucionismo es lo que denomina "la visión unidireccional", que comprime en una sola línea de evolución los complejos movimientos y dinámicas de las sociedades.

En esta búsqueda se apoya en la obra del filósofo e historiador Michel Foucault (1926-1984) que propuso devolver a lo discontinuo, lo errático, lo accidental y lo singular su lugar en la historia.

Hoy la sociología es una disciplina perfectamente instalada en Inglaterra y Giddens, profesor emérito de la London School of Economics.

La relación entre la teoría y la práctica

Giddens propone un permanente ida y vuelta entre la teoría y la práctica:

1 La teoría no es más que un registro intelectual de la vida de todos los días (o sea, la práctica).

2 La teoría, sin embargo, no se limita a registrar, ya que al modificar la visión que tenemos de nuestras prácticas cotidianas (autocomprensión) nos permite transformarla.

3 Por eso los agentes sociales encarnan la teoría.

La tercera vía

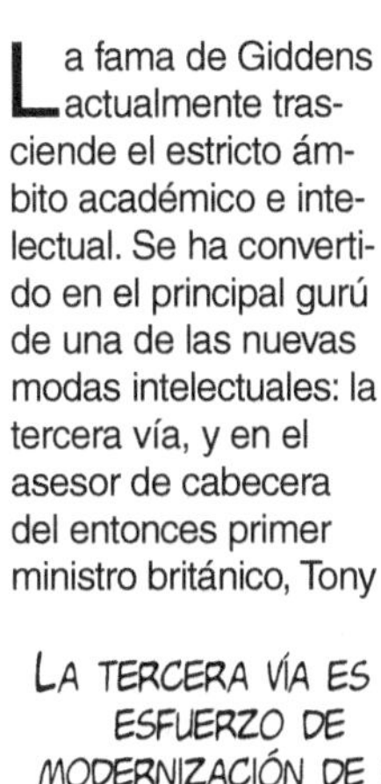

La fama de Giddens actualmente trasciende el estricto ámbito académico e intelectual. Se ha convertido en el principal gurú de una de las nuevas modas intelectuales: la tercera vía, y en el asesor de cabecera del entonces primer ministro británico, Tony Blair. Aunque a muchos sociólogos no les parece demasiado importante lo que Giddens viene a decir, sienten una enorme satisfacción: por primera vez, en mucho tiempo, es un sociólogo, y no un economista, quien habla para y con el poder.

La tercera vía se propone como la síntesis entre el modelo socialdemócrata tradicional –con una presencia fuerte del Estado de Bienestar– y el modelo neoliberal –caracterizado por un Estado mínimo–.

133

El surgimiento de una sociología periférica: América Latina

Durante los años 50 en la mayoría de los países de América Latina se constituyeron centros de investigaciones y facultades de sociología. El modelo de la nueva disciplina era, por supuesto, el del funcionalismo estadounidense. Se adoptaron sus objetivos y problemas, su lenguaje especializado, sus técnicas y procedimientos de investigación. El funcionalismo se internacionalizó y se internalizó en la naciente sociología latinoamericana, gracias al enorme prestigio obtenido en los Estados Unidos y a los cuantiosos recursos que las diversas fundaciones y agencias aportaban a las investigaciones legitimadas por esta teoría. Lo nuevo de esta versión del funcionalismo era que la atención se centraba en los países marginales (subdesarrollados) de la modernidad capitalista, que a su vez no se habían incorporado al bloque socialista. Es decir, lo que se conocería como el Tercer Mundo: desde los nuevos Estados africanos y asiáticos, surgidos tras la Segunda Guerra Mundial, hasta las más antiguas repúblicas de Sudamérica.

Después de la Segunda Guerra Mundial surgieron muchos nuevos Estados.

La hipótesis funcionalista para el Tercer Mundo: la teoría de la modernización

El esquema básico de las hipótesis y modelos funcionalistas que se construyen para el estudio de la realidad latinoamericana se estructura a partir de una dicotomía básica: sociedad moderna vs. sociedad tradicional. La sociología debía proponer alternativas que reforzasen –o directamente construyesen– agentes, estructuras y tendencias modernizantes. Eran considerados modernizadores los empresarios competitivos, la tecnocracia (personal altamente especializado), las fuerzas armadas profesionalizadas y ciertos valores (la innovación, la eficiencia y la competencia); eran enemigos de la modernización los hábitos y las culturas tradicionales –arraigados a la tierra y al folclore–, las masas ignorantes y los políticos demagógicos, entre otros.

Toda la tradición ensayística previa, con nombres tan notables como los del argentino Ezequiel Martínez Estrada o el brasileño Gilberto Freyre, fueron rechazados. Se los consideró anticientíficos.

Sociedad tradicional	Sociedad moderna
campo	ciudad
agricultura	industria
comportamiento por costumbres	comportamientos basados en los beneficios

Teoría de la dependencia

Si la **teoría de la modernización** se desarrolló bajo el gran paraguas protector de la teoría funcionalista –y el contexto sociohistórico que la generó–, el declive y luego el derrumbe de ambas instancias no podría sino carcomerla también a ella. Eso efectivamente sucedió hacia fines de los años 60. La **teoría de la dependencia** surgió entonces para oponerse a cada uno de los principios que ésta había postulado. Su objetivo: explicar por qué, lejos de cumplirse las promesas de modernización de los funcionalistas, en el Tercer Mundo, se perpetuaba la pobreza, el subdesarrollo y la injusticia social.

Según estos teóricos, la evolución histórica del capitalismo dio lugar a una determinada división entre los países: los países desarrollados (o centrales) y los subdesarrollados (periféricos). Pero, a diferencia de los funcionalistas, estos autores consideran que el subdesarrollo es una consecuencia necesaria de esta división internacional. El centro existe en la medida que pueda explotar a la periferia, y esta división (permanente y deliberadamente reforzada) es el obstáculo central para pensar cualquier alternativa de desarrollo.

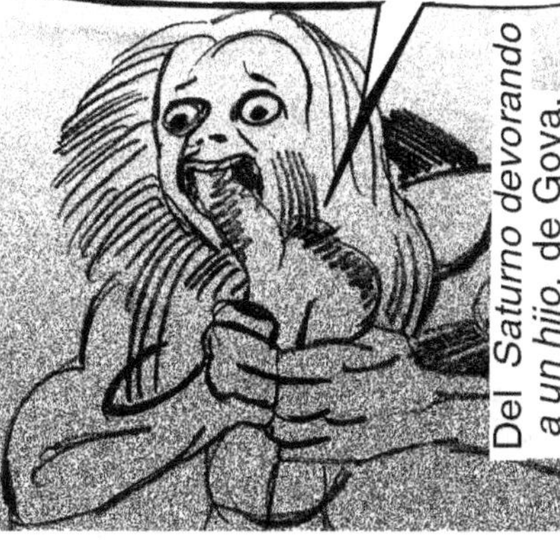

Hay un antagonismo básico en la estructura del sistema mundial. Es imposible satisfacer las necesidades nacionales y las internacionales al mismo tiempo.

La evolución del Tercer Mundo

En una primera etapa, esta explotación se estructuró a partir de la explotación directa: es la etapa de los grandes imperios coloniales ávidos de materias primas. Pero, con la independencia de las antiguas colonias, esta situación no varió; antes bien, se mantuvo. En esta segunda etapa, llamada **neocolonial**, la periferia se vio obligada a especializarse en la producción de materias primas que se vendían a los países centrales a precios fijados por estos últimos; los cuales se deterioraban a la par que aumentaba en forma constante el de los productos industriales fabricados en el centro. Después de la posguerra varios países del Tercer Mundo –como la Argentina, el Brasil o México– lograron alcanzar niveles importantes de industrialización; sin embargo, esto no ha alterado, incluso hasta hoy, la estructura básica de la dependencia.

Aunque causa estragos entre la inmensa mayoría de la población, esta estructura de la dependencia se mantiene en el poder favorecida por agentes sociales internos y externos. Entre los primeros están las oligarquías tradicionales, las burguesías nacionales vinculadas al capital internacional, los militares y las élites dominantes en su conjunto; entre los últimos están las multinacionales, organizaciones internacionales como el Banco Mundial y el Fondo Monetario Internacional (FMI) y los estados del centro.

Si bien todos los países dependientes comparten estas características centrales, Cardoso y Faletto se preocupan por desarrollar un complejo análisis en el que diferencian a estas sociedades de acuerdo con distintos criterios.

Las problemáticas de la dependencia que dominaron el escenario sociológico latinoamericano de los 60 tienen una amplia repercusión en múltiples especialidades (como las teorías del desarrollo económico y social o la economía política internacional) de la vida académica norteamericana y por extensión en todo el debate sociológico de Occidente. Es, en tal caso, la primera exportación exitosa de teoría sociológica desde la periferia hacia el centro.

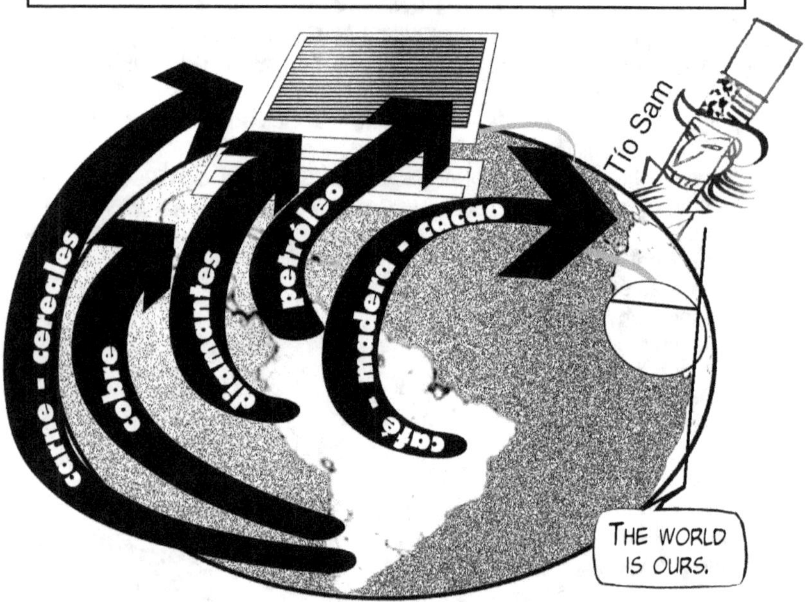

El sociólogo brasileño Fernando H. Cardoso y el historiador chileno Enzo Faletto escribieron la biblia de esta corriente, *Dependencia y Desarrollo en América Latina*. Años más tarde, Cardoso, el joven sociólogo, se convertiría en presidente del Brasil.

Las otras dependencias

Pero la dependencia no se manifiesta sólo en los terrenos económicos y políticos. Hay también una dependencia cultural, ya que las clases altas y medias intentan reproducir los hábitos y pautas de comportamiento de la población del centro. La televisión, el cine, la publicidad (generalmente estadounidenses) contribuyen eficazmente en esto. La dependencia y la explotación son también ecológicas, ya que la mayor parte de los recursos naturales están en el Tercer Mundo y, sin embargo, se consumen en el centro.

Esta teoría fue predominante en la escena del pensamiento social latinoamericano alrededor de 1970. Los proyectos políticos, de izquierda o nacionalistas populares, que se gestaron en Chile, Argentina, Bolivia y Perú lograron darle una amplia aceptación política. Sin embargo, las posteriores derrotas de estos proyectos y la feroz represión que le siguió condujeron a un abandono de las problemáticas de la dependencia y a una reorientación global de la teoría social latinoamericana en los 80.

El Oscar de la sociología

En 1998, en el marco del Congreso Mundial reunido en Montreal, la **Asociación Internacional de Sociología** (ISA) decidió hacer una encuesta. La pregunta central es: ¿cuáles fueron los cinco libros escritos en el siglo XX que más lo influyeron en su formación? (Atención: el límite temporal excluye las obras de autores como Marx o Durkheim).

Los libros más votados

1 *Economía y sociedad* de **Max Weber** (95 votos)

2 *La imaginación sociológica* de **Wright Mills** (59)

3 *Teoría social y estructura social* de **Robert Merton** (52)

4 *La ética protestante* de **Max Weber** (47)

5 *La construcción social de la realidad* de **Berger y Luckmann**

6 *La distinción* de **Pierre Bourdieu** (43)

7 *El proceso civilizatorio* de **Norbert Elias** (30)

8 *La teoría de la comunicación* de **Jürgen Habermas**

9 *La estructura de la acción social* de **Talcott Parsons**

10 *La presentación de la persona en la vida cotidiana* de **Erving Goffman**

Dentro de los 20 más votados figuran *La construcción de la sociedad* de **Giddens**, *El moderno sistema mundial* de **Wallerstein** y *Dialéctica del Iluminismo* de **Adorno y Horkheimer**.

Los autores más votados

15 libros de **Max Weber**

13 de **Pierre Bourdieu**

11 de **Anthony Giddens**

10 de **Talcott Parsons**

8 de **Alain Touraine**

7 de **Jürgen Habermas**

7 de **Herbert Marcuse**

7 de **Erving Goffman**

5 de **Charles Wright Mills**

Ficha técnica:
Participaron de la encuesta 455 sociólogos de todo el mundo. La lengua madre del 65% de los participantes era el inglés, le seguían el alemán, luego el francés y el español. El 73% eran hombres; el 27% mujeres.

El asesor de ciencias sociales y el gaucho

Todas las profesiones tienen sus chistes. Este es uno muy famoso entre los estudiantes de sociología.

Un cientista social decide hacer un viaje para conocer el "país real". Se compra una cuatro por cuatro y sale por el campo. Al rato ve una arboleda con un arroyito y decide descansar y estudiar los mapas. Entonces descubre a un gaucho haciendo pastar a su rebaño. Rápido como es, el tipo va hasta el gaucho y, canchero, le dice:

Y, ANTES DE QUE LE CONTESTE, EL SOCIÓLOGO VA A LA CUATRO POR CUATRO, SACA UN CELULAR Y UNA PALMTOP Y HACE UNAS LLAMADITAS. UNA A UN AMIGO QUE SE DEDICA A LA SOCIOLOGÍA RURAL, OTRA A UNO QUE TRABAJA EN UN MINISTERIO. SE RELAME PENSANDO EN EL EFECTO QUE VA A CAUSAR VOLVIENDO CON UNA OVEJA DE MASCOTA. A LOS VEINTE MINUTOS SALE Y GRITA:

¿CÓMO ADIVINÓ?
AHH, ES MUY FÁCIL. PERO LE VA A COSTAR OTROS CIEN.
ESTÁ BIEN, PERO CUÉNTEME.
PRIMERO: PORQUE VINO A OFRECERSE PARA ALGO SIN QUE LO LLAMARAN. SEGUNDO: ME DIO INFORMACIÓN QUE YO YA SABÍA. TERCERO: PORQUE OBTENER ESA INFORMACIÓN LE LLEVÓ MUCHO MÁS TIEMPO DEL QUE LE HUBIERA LLEVADO A CUALQUIERA. CUARTO: PORQUE ESA INFORMACIÓN NO ME SIRVE PARA NADA.
Y QUINTO: PORQUE, EN LUGAR DE AGARRAR A UNA OVEJA, SE ESTÁ LLEVANDO A MI PERRO, ¡PELOTUDO!
GUAU GUAU

Pensar desde otro lugar
La sociología hoy

En algo coinciden todas las escuelas y teorías sociológicas: desde fines de los años 70 hay una **crisis de la sociología**. Algunos se preguntan si no le habrá llegado la hora del final. Creen que ya agotó todas sus respuestas y que ahora éstas deben provenir de otros campos del saber. Para los sociólogos, en cambio, esta crisis es lógica y necesaria. La Sociología nace en una época de profunda crisis y formidables cambios. Fue la ciencia que surgió en el período de transición entre una sociedad tradicional y una moderna, entre el feudalismo y la sociedad industrial; la ciencia que observó el declive de los viejos poderes y la fatigosa gestación de los nuevos; la mirada que explicó más sagazmente el irreversible hundimiento de las viejas y estáticas clases sociales y su mundo de ideas, y analizó las nuevas realidades de la industria, la urbanización y la ciencia. La sociología no sólo participó de toda esta crisis: puede afirmarse que tuvo su origen en ella. Las últimas décadas del siglo XX fueron particularmente dramáticas. "Todo lo sólido pareció desvanecerse en el aire", había dicho Marx sobre los turbulentos años en que le tocó vivir. En el 2000 esta frase volvió con más fuerza que nunca. Por eso, no sorprende que una disciplina que piensa a la sociedad deba repensar muchos supuestos e ideas elaborados en un mundo que ya no es el que solía ser.

Un mundo en cambio es un mundo en crisis

Los cambios de estas últimas décadas son realmente impresionantes. Una simple enumeración:
• la caída del, en apariencias invencible, bloque socialista y con esto la crisis de las izquierdas y el marxismo;
• el fenomenal avance de la mujer;
• la crisis de los Estados de bienestar en Occidente;
• el crecimiento despiadado de la desocupación y la pobreza en casi todo el mundo;
• la revolución científico-técnica;
• el resurgimiento del nacionalismo y de los fundamentalismos religiosos;
• etcétera, etcétera…

Declive de la sociología estadounidense

Es cierto que las cosas han cambiado mucho para la sociología en los últimos treinta años. Uno de los cambios más notables es la decadencia de los Estados Unidos como centro hegemónico de producción de sociología. Los estudiantes de ese país ya no la consideran atractiva.

Así, se pasó de un récord de 36.000 estudiantes en 1973 a apenas 15.000 en 1994. Muchas universidades han cerrado sus departamentos de Sociología o han reducido sus presupuestos. La moda terminó. Sin embargo, esta situación no es análoga a la europea. En lo que se refiere a la teoría sociológica después de cincuenta años Europa ha vuelto a ocupar el centro de gravedad. Los principales pensadores sociológicos de hoy son y desarrollan su actividad en Europa: Pierre Bourdieu, Anthony Giddens, Niklas Luhmann, entre otros.

Pero esta visión puede ser engañosa: en los Estados Unidos han florecido carreras como los estudios culturales, la criminología o la planificación urbana que se sirven de teorías y herramientas sociológicas.

Manuel Castells: la Era de la Información

Entre quienes han analizado la nueva sociedad globalizada y propuesto teorías acerca de ella se destaca el español **Manuel Castells**, que ha escrito tres gruesos volúmenes titulados *La era de la información: economía, sociedad y cultura* (1996), cuyo objetivo es el "desafío de entender el mundo en que vivimos". Su tesis central es que en este nuevo mundo todo lo importante –el poder, la economía, el crimen o la información– está organizado en forma de redes globales que escapan a todo control, ya que carecen de centro. El ejemplo más evidente: la red de redes, Internet. Pero contradictoriamente, mientras estas redes cubren el mundo, la gente construye su identidad y se organiza en torno a experiencias muy localizadas, como la nación o la etnia, o directamente personales, como las preferencias sexuales. Estas oleadas de expresiones de identidad, con la defensa de su singularidad cultural, desafían a la globalización.

Actualmente, Manuel Castells es profesor de sociología en la Universidad de California, Berkeley, y miembro del Consejo Superior de Investigaciones Científicas en Barcelona. Mientras escribía *La era de la información*, se le diagnosticó una enfermedad terminal y Castells debió afrontar una lucha día a día contra el reloj de la muerte para terminar su obra. Afortunadamente en ese período los médicos lograron un nuevo y exitoso tratamiento, con lo que pudo superar la enfermedad. El libro ha sido un verdadero suceso.

El autor afirmó: *"Lo escribí como un testamento intelectual con la esperanza de que quedara en alguna biblioteca y algún día se descubriera, pero ha habido una explosión".*

La sociedad red

El conocimiento, la tecnología y la información son las nuevas fuentes de poder del mundo organizado en redes. En consecuencia, en la nueva sociedad de la información hay tres clases sociales:
• los desinformados que sólo consumen imágenes;
• los sobreinformados que viven en un torbellino caótico, devorados por la vorágine del día a día,
• los informados, la nueva clase alta, que selecciona, ordena y paga información de calidad.

Los pueblos y países que se queden fuera de las redes serán los excluidos.

La transformación puede conducir por igual a una gama completa de cielos, infiernos o infiernos celestiales… Y, no obstante, este es nuestro mundo, estos somos nosotros, en nuestra pluralidad contradictoria, y esto es lo que hemos de entender, incluso para afrontarlo y superarlo.

—CASTELLS

La globalización según Giddens

Para Giddens, hay tres grandes problemas de la globalización que requieren regulaciones y el uso de poder estatal. Uno es la desigualdad, el segundo es el daño ecológico y el tercero es la violencia asociada con los fundamentalismos étnicos y religiosos.

Sobre la tercera vía y la globalización: "Para la nueva derecha la globalización es una oportunidad; para la vieja izquierda una amenaza; para la tercera vía un desafío".
—GIDDENS

Bourdieu y la globalización

Para él, la globalización es un mito en el peor de los sentidos: un discurso poderoso, una idea matriz, una idea que tiene fuerza social, que consigue que se crea en ella. Es el arma principal de las luchas contra las adquisiciones del Estado de bienestar. Es básicamente un mito justificador y glorificador del retorno de una especie de capitalismo radical, sin otra ley que el beneficio máximo. Un capitalismo sin freno y sin maquillaje, pero racionalizado y llevado al máximo de su eficacia económica gracias a las técnicas de management, investigación de mercado y publicidad.

La sociedad del miedo

Los fundamentos últimos de todo este orden económico erigido en nombre de la libertad del individuo, nos dice Bourdieu, son **la violencia y el miedo**. La violencia estructural del paro y la precariedad laboral y el miedo al despido. Estos sentimientos de inseguridad e incertidumbre sobre el futuro, que afectan a cada uno de nosotros, son la base del nuevo orden.

La teoría feminista

Aunque no es estrictamente una teoría sociológica, **el feminismo** ha planteado múltiples desafíos e incorporado nuevos temas a la sociología. Esta teoría presenta la vida social desde el punto de vista de un actor presente en toda la historia humana, pero ausente de todos los relatos y teorías: **las mujeres**. Al poner al género en el centro del análisis, las feministas reescriben toda la historia social y sacan a la luz áreas enteras de la humanidad hasta entonces inexploradas (como la reproducción).

odas las voces importantes de la sociología son hombres y en sus obras no prestan importancia a la diferencia entre géneros. Las pocas veces que los sociólogos se ocuparon de los temas que preocupan a las feministas, los consideraron irrelevantes. Desde Auguste Comte, que dijo que la mujer *"vive en un estado de perpetuo infantilismo",* nada, en verdad, cambió demasiado.

En el mejor de los casos, se vio a las mujeres tan sólo como madres. La diferencia hombre-mujer era abordada como meramente biológica, natural, sin analizar las dimensiones sociales y culturales de tal separación. De este modo, se veía como natural que la mujer permaneciera circunscripta al espacio doméstico. Toda la esfera pública le estaba reservada al hombre.

La explosión de las sociologías

Pero estas problemáticas y teorías nuevas no implican la desaparición de las teorías clásicas. Las sociologías no mueren; evolucionan, se reformulan, cambian, se mezclan… Hoy existe una verdadera y amplia gama de nuevas y viejas sociologías.

Vivimos en un mundo muy heterogéneo. Se acabó la época de los grandes bloques y los pensamientos simplificadores. Las sociedades son muy diversas entre sí y al interior de cada una de ellas hay grupos de personas cada vez más diferenciados. La sociología no hace sino reflejar esta diversidad. El comportamiento humano y las estructuras que lo condicionan son demasiado complejos como para simplificarlos en una única teoría. No puede haber una sociología; hay necesariamente sociologías.

La teoría del moderno sistema mundial

Para ella, el eje de la teoría social no debe ser como para los marxistas las clases sociales sino el sistema mundial. Este es un sistema social autónomo, de amplia base geográfica y basado en la dominación de la economía capitalista. Domina en forma más eficaz y sutil que la que se logra mediante el uso de la fuerza militar. Es un sistema dinámico, cambiante y allí donde penetre alterará profundamente las dimensiones sociales relevantes, desde la política a las condiciones de trabajo.

La teoría del sistema mundial nació entre los años 1450 y 1650 debido a tres causas: a) la expansión geográfica de Occidente; b) la división del trabajo y la diversificación económica, y c) el desarrollo de los Estados nacionales promovidos por la burguesía.

Otra autora de esta rama del árbol sociológico es Theda Skocpol. En esta versión, el sistema mundial también es el deus ex machina de la historia, pero la diferencia es que es la política y no la economía la que lo organiza. El sistema mundial está formado por Estados.

Impensar las ciencias sociales

La ambiciosa propuesta de Wallerstein supone **"impensar"**, según sus propias palabras, todo el desarrollo de las ciencias sociales. Estas se clasifican en ramas básicas como la ciencia política, la economía y la sociología. Para la **teoría del sistema mundial**, en realidad, no existen tres áreas de la actividad humana y social con lógicas independientes. Ninguna investigación realmente útil puede estudiar lo social, lo político o lo económico aisladamente.

ESTA DIVISIÓN VIENE DEL SIGLO XIX CUANDO EL LIBERALISMO DOMINABA. ELLOS PENSABAN QUE EL ESTADO (LA POLÍTICA), EL MERCADO (LA ECONOMÍA) Y LA SOCIEDAD (LA SOCIOLOGÍA) ERAN TRES COSAS QUE NO DEBÍAN TOCARSE.
Sociedad
Mercado
SABEMOS QUE EXISTEN MÚLTIPLES DISCIPLINAS PORQUE HAY DEPARTAMENTOS ACADÉMICOS SEPARADOS EN LAS UNIVERSIDADES, LICENCIATURAS EN ESAS DISCIPLINAS Y ASOCIACIONES DE ESTUDIOSOS DE ESAS DISCIPLINAS. ES DECIR, SABEMOS QUE EXISTEN POLÍTICAMENTE DIFERENTES DISCIPLINAS. PERO ESO NO NOS DICE NADA SOBRE LA VALIDEZ DE SUS PRETENSIONES INTELECTUALES DE INDEPENDENCIA.
Estado
SI ASÍ ES... QUIZÁS... ESTE LIBRO DEBERÍA LLAMARSE... DE OTRA FORMA... ¡OH!
WALLERSTEIN ACORDARÍA CON USTED.

Historia y ciencia social

Wallerstein también ha procurado mantener un diálogo entre una sociología abierta a la historia y una historia renovada, atenta a los grandes debates de la teoría social. Propone una ciencia social histórica que en verdad fusione a ambas. Sostiene que el sistema mundial es histórico y concreto y, por lo tanto, para analizar su forma de funcionamiento, para teorizarlo, se debe estudiar su evolución histórica concreta.

Neofuncionalismo

A pesar de que en los años 70 el funcionalismo parecía una vieja especie seriamente amenazada de extinción, en los 80 y los 90 volvió, aunque aggiornado, a recuperar parte de su vigor. Según uno de sus máximos representantes, Jeffrey Alexander, es ahora "una corriente autocrítica cuyo objeto es ampliar su alcance intelectual sin perder su núcleo teórico".

El alemán **Niklas Luhmann** es otro de los autores importantes que más ha trabajado para reelaborar el funcionalismo, al que considera el único gran intento teórico de su tiempo, a través de más de cuarenta libros y cien artículos. Quizás su gran avance es haber "producido" un funcionalismo que privilegia el momento dinámico, de cambio, antes que el estático. Otro de sus aportes es el haber superado las viejas metáforas biológicas mediante el uso de las nuevas herramientas de la cibernética.

161

El imperialismo de los economistas: la teoría de la elección racional

Indudablemente, la economía ha sido en los últimos veinte años la más influyente de las ciencias sociales. No sólo ha pasado a ocupar el sitial privilegiado como consejera del poder, sino que también sus modelos han comenzado a invadir el de las otras disciplinas sociales, la sociología entre ellas. La teoría de la elección racional –central en la economía neoclásica– es el invasor. El modelo, tomado de la microeconomía, supone actores sociales e individuos que eligen libremente conductas a partir de un conocimiento perfecto de los costos y beneficios que implica cada una de ellas y sus consecuencias. Así, cada una de las decisiones que tomamos sería perfectamente racional. Un buen ejemplo de ello son las elecciones donde se seleccionan programas y candidatos que los llevan adelante.

Autores como Boudon y Homans ya se habían acercado a estos modelos.

Críticas

1 Es una teoría inaplicable a la mayoría de las situaciones de la vida real. En ellas no disponemos de la totalidad de la información; esto sería imposible. Al votar, nadie puede conocer exactamente todos los programas políticos y sus costos y beneficios a futuro. Disponemos sólo de algo de información, bastante imprecisa, y elegimos lo primero que nos parece satisfactorio.

2 Hay además rutinas de conducta. Por ejemplo, mucha gente transmite hereditariamente su adhesión a un club de fútbol, a una religión o a un partido político, y a muy pocos se les ocurre evaluar los costos y beneficios de ser hincha de Boca o de River, católico o protestante, socialista o conservador. Simplemente se es.

3 Los hombres no siempre actúan buscando beneficios, ni racionalmente. Y esto lo saben muy bien los psicoanalistas y los enamorados.

4 Finalmente, resulta una teoría vacía: intenta explicar todo y termina sin explicar nada.

Neomarxismo

A pesar de las muchas críticas recibidas a lo largo de los últimos años, gran cantidad de sociólogos procuran seguir desarrollando la teoría marxista mediante la incorporación de nuevos métodos e ideas. Entre ellos, ocupa un lugar destacado el norteamericano **Erik Olin Wright**, profesor de la Cátedra Wright Mills de la Universidad de Wisconsin, quien ha avanzado sobre puntos no abordados por Marx respecto de las clases sociales. Cuando éste argumentó su teoría, las clases medias eran de escaso peso frente a la clase obrera y la burguesía. En el siglo XX, en cambio, en gran cantidad de países son el sector mayoritario de la sociedad. Su estilo de vida se expande.

Wright procura contestar: ¿Qué es una clase social hoy?
Hoy el control de la economía tiene tres dimensiones:
1) Control de los medios de producción (fábricas, máquinas, tierras, etc.).
2) Control sobre las inversiones o más concretamente sobre el dinero.
3) Control de la fuerza de trabajo.

En los últimos años, algunos sociólogos y filósofos han intentado fusionar dos teorías hasta hace poco aparentemente irreconciliables: el marxismo y la teoría de la elección racional. La nueva teoría se bautizó como marxismo analítico o de la elección racional. Participaron del intento, además de Erik Olin Wright, Gerald Cohen (de Oxford), Philippe Van Parijs (de Lovaina) y el noruego Jon Elster. Se los conoce como el Grupo Septiembre o del marxismo analítico.

Ciencia y conciencia

Para algunos, la sociología padece –y padecerá– necesariamente una ambigüedad: coinciden en ella el observador y el objeto a observar; es una ciencia pero también, en sus mejores expresiones, una conciencia. Contempla a la distancia, pero requiere compromiso político y social. Esto la hace diferente y, en ocasiones, frágil.

La mina de la sociología

¿Por qué los fundadores de la disciplina con menos recursos y en épocas más difíciles pudieron hacer más? La imagen de la mina de oro nos puede ayudar a entender. En ellas, los que llegan primero pueden descubrir las vetas más ricas. Después, cada nuevo hallazgo es más difícil, más trabajoso. Al final, es casi imposible.

El sociólogo como profeta

La mayor parte de las dificultades con las que tropieza la sociología se debe al hecho de siempre: se espera de ella que sea una ciencia distinta de las demás. En realidad, se espera demasiado o muy poco. Y siempre hay demasiados "sociólogos" para responder a las expectativas más descabelladas. Si yo elaborara una lista con todos los tópicos sobre los que los periodistas me solicitan entrevistas, ustedes se espantarían: desde la amenaza de una guerra nuclear hasta el largo de las faldas, pasando por la evolución de Europa del Este o las patotas. La gente confiere al sociólogo el papel de profeta capaz (aparentemente) de dar respuestas coherentes y verificables acerca de todos los problemas de la sociedad. Esta función es desmedida e insostenible; es una insensatez atribuírsela a quien sea. Pero, al mismo tiempo, se niega al sociólogo aquello que él sí tiene el derecho de reivindicar: la capacidad de dar respuestas precisas y verificables a las preguntas que él ha estudiado científicamente.

—BOURDIEU

Algunos sociólogos creen que entre el cielo y la tierra todo está mediado por la sociedad, incluso la naturaleza. Por eso creen que pueden hablar de todo. Pero un sociólogo no es competente para todo, nadie puede ser especialista en todo. No es razonable opinar de lo que no se entiende. No hay que caer en la tentación de hablar con cara de sabio de lo que uno no puede hablar.
—ADORNO

YO, DISCÍPULO DE WEBER, LES AUGURO EL ADVENIMIENTO DE UNA NUEVA ÉPOCA...

¿Cómo puede ayudarnos la sociología en la vida cotidiana?

Autoconocimiento. Quizás sea éste el mayor aporte que la sociología puede hacer: nos ayuda a conocernos a nosotros mismos y a nuestra sociedad. Y, cuanto más sepamos acerca del funcionamiento general de nuestra sociedad y sus diferentes grupos, acerca del cómo y el por qué de ella, más capacidad tendremos de conocer y actuar sobre nuestro futuro. Hoy casi todo el mundo acepta que el aumento de la delincuencia está relacionado con problemas sociales tales como el aumento del desempleo y diferencias sociales muy notorias. Semejante conocimiento es obvio, sin embargo, antes no lo era y esto está relacionado con gran cantidad de investigaciones realizadas por sociólogos.

Muchos aportes y conceptos de la teoría y de las investigaciones sociológicas hoy son de uso cotidiano: líder carismático, clase social, anomia, entre otras.

Conciencia de las diferencias culturales

La sociología nos permite saber que entre las diferentes sociedades y dentro de cada una de ellas existen múltiples clases sociales, grupos y personas, con diferentes modos de pensar y actuar. Esto no sólo aumenta nuestra sensibilidad y nos enriquece culturalmente, sino que nos permite saber cuáles son sus problemas, y actuar en consecuencia.

Políticas de cambio

Al conocer mejor nuestros problemas y los de los otros podemos actuar mejor sobre ellos. Esto se refiere tanto a los gobiernos que, por ejemplo, conociendo los problemas de determinado grupo social pueden implementar políticas que lo favorezcan, como a distintas organizaciones o movimientos sociales que pueden impulsar cambios prácticos independientemente de los gobiernos. Los movimientos por los derechos humanos o ecologistas son un buen ejemplo de esto.

171

El papel del sociólogo en la sociedad

Muchos sociólogos consideran que involucrarse en los grandes debates políticos y morales de su tiempo es poco científico, ya que la disciplina puede ser objeto de acusaciones tales como la de falta de objetividad. Sin embargo, como hemos visto, grandes sociólogos, desde los inicios de la sociología hasta hoy, han procurado participar en los grandes debates y dilemas de su tiempo. Procurar que quienes tienen un conocimiento significativo y podrían aportar considerablemente en la búsqueda de soluciones, para un mundo que realmente las necesita, se mantengan al margen es bastante ingenuo, poco razonable y de un egoísmo sociologista indefendible.

Hay varias buenas introducciones y compilaciones para lectores no especializados que quieran profundizar su conocimiento de la sociología, en general, o en ciertas temáticas y autores específicos. Nuestras recomendaciones para el lector de lengua hispana son:

a. Como manual introductorio general, sin duda el mejor es *Sociología,* de *Anthony Giddens* (Alianza, 1998). Está organizado en veintiún capítulos que recorren las principales dimensiones de lo social (política, religión, educación, etc.) con un lenguaje sencillo y una gran cantidad de ejemplos tomados de investigaciones empíricas. El autor, como hemos visto, es una de las grandes leyendas vivas de la teoría social. El mayor inconveniente es que fue escrito para el público inglés y, en consecuencia, la mayor parte de sus ejemplos están tomados de esta sociedad. Al lector español le resultará de interés *Pensar nuestra sociedad* (Tirant lo Blanc, 1995), compilación de diversos especialistas españoles en temas básicos de la sociología, edición coordinada por Manuel García Ferrando. El volumen es recomendable, aunque irregular.

b. Uno de los primeros títulos de esta colección –*Para Principiantes*–, y ya un verdadero clásico, es *Marx para principiantes* de *Rius.* En él, el lector encontrará expuestas sus principales ideas sociológicas, filosóficas y económicas.

Maquiavelo, Foucault, Chomsky y *Posmodernismo* son también libros de la serie *Para Principiantes*, aunque no son estrictamente sobre sociólogos, que pueden resultar de interés para entender varios de los "momentos" y autores clave que hemos ido visitando.

c. Más académicos, de lectura más trabajosa, y aun así accesibles son *Capitalismo y modernidad* de *Derek Sayer* (Losada, 1997), en donde se traza una exhaustiva y apasionante comparación entre las teorías de Marx y Weber que puede servir también de excelente introducción.

En *La sociología clásica: Durkheim y Weber* (CEAL,1998), *Juan Carlos Portantiero* ha seleccionado las páginas más significativas de estos autores (incluye también una precisa introducción). *Teoría sociológica clásica* y *Teoría sociológica contemporánea*, de *George Ritzer* (McGraw Hill), son dos típicos manuales estadounidenses donde se exponen con claridad los principales enfoques teóricos.

• Pocos autores se han ocupado de hacer accesible su obra a un público amplio. Las *Lecciones de Sociología*, de *Adorno,* resultan muy útiles para quienes están interesados en introducirse en el universo frankfurtiano. Para la obra de *Pierre Bourdieu* conviene leer *Respuestas* (Grijalbo,1995), en donde *Loïc Wacquant* recopila entrevistas y clases en las que Bourdieu explica sus principales ideas y categorías en forma muy amena. *Contrafuegos* (Anagrama,1999), en cambio, reúne entrevistas periodísticas e intervenciones, sobre todo políticas, de Bourdieu ante audiencias no académicas. *La era de la información* (Alianza, 1996; también hay una edición de Siglo XXI) de *Manuel Castells* es una de aquellas pocas grandes obras accesibles, no obstante su extensión, para un lector común.

Martín Ernesto Lafforgue nació en Buenos Aires, en 1970. Estudió Sociología y Ciencias Políticas en la Universidad de Buenos Aires, Relaciones Internacionales en la Universidad de Boloña (Italia) y Diplomacia en el Instituto del Servicio Exterior de la Nación del Ministerio de Relaciones Exteriores de Argentina. Participó de diversas investigaciones y congresos sobre temas de sociología y política internacional. En la actualidad, se desempeña como Cónsul y responsable del área cultural de la Embajadada de la República Argentina en Grecia. Es autor, junto a Héctor Alberto Sanguiliano, de *Sociología para principiantes* y *Bourdieu para principiantes*.

Sanyú (Héctor Alberto Sanguiliano)
Ilustrador e historietista, publica desde 1974 en las principales editoriales del país. Realizó adaptaciones de la literatura a la historieta, dictó cursos, fue jurado y organizó muestras sobre historieta nacional. Es autor de *Letras escogidas* (Adaptaciones, Doedytores, 1995), *100 años de historieta en el mundo. La historieta en la historia argentina* (Aiglé Ediciones, 1997), *El inspector Justo y otras historias* (Recopilación, Colihue, 2007), *Triste, solitario y final* (Adaptación de la novela de Osvaldo Soriano, Doedytores, 2008) y *El Hombre Descuadernado* (Guión de Felipe H. Cava, Ediciones de Ponent, España, 2009). Ilustró en la serie Para Principiantes: *Sociología, Umberto Eco, Economía, Anarquismo, Surrealismo, Zapatismo, Bourdieu* y una versión de *La Odisea.* (www.sanyu.com.ar)